NOUVEL ITINÉRAIRE GÉNÉRAL
COMPRENANT
Toutes les Grandes Routes et chemins de communication des Provinces de France, des Isles Britanniques,
de l'Espagne, du Portugal, de l'Italie, de la Suisse, de tous les Pays-bas, de l'Allemagne, d'une Partie
de la Hongrie, de la Pologne, de la Prusse et du Dannemarck, &c&c. avec les Distances en Lieuës
ou Milles d'usage dans ces différens Pays,
OUVRAGE DE LA PLUS GRANDE UTILITÉ
Pour le Commerçant et le Voyageur
DRESSÉ par des Auteurs connus qui ont beaucoup voyagé et dont les Ouvrages
sont aussi répandus qu'estimés.
PUBLIÉ
Par le S.r Desnos.
A PARIS
Chez le S.r Desnos Ingénieur Géographe pour les Globes et sphères, Rue Saint Jacques au Globe.
A. P. D. R.
On trouve chez le S.r Desnos un ouvrage particulier intitulé l'Indicateur Fidèle ou Guide des Voyageurs qui enseigne toutes les Routes de la France levées topo
graphiquement par M.rs Michel et Desnos 3.e Edition publiée en 1768. Prix Broché 15.#
M.DCC.LXVIII.
2.e Partie.

CARTES
Qui composent l'Itinéraire Général.

I.ʳᵉ SECTION — France.	II.ᵉ SECTION — Espagne, et Portugal	III.ᵉ SECTION — Italie.	IV.ᵉ SECTION — Allemagne, &c.	V.ᵉ SECTION — Isles Britanniques.
1 Frontispice.	1 Entre Douro e Minho, et partie de Tras-os montes; La Galice, les Asturies, partie de Léon et de la Vieille Castille; et la Biscaye.	1 Partie de l'Etat de Venise et de l'Etat de l'Eglise.	1 Provinces-unies; partie des Cercles de Westphalie et de basse Saxe,	1 La plus grande partie de l'Irlande, comprenant les Provinces de l'Ouest ou Connacie, de l'Est ou Lagénie, et du Sud ou Momonie, avec quelques Côtes de l'Angleterre.
2. Table des Cartes qui composent l'Itinéraire Général.	2 Le Guipuxcoa, la Navarre; partie de la Vieille Castille, de l'Arragon et de la Catalogne.	2 Etats du Roi de Sardaigne, de Gènes, Parme, Modéne et Luque; partie de la Toscane, de l'Etat de l'Eglise, et de celui de Venise, et la Lombardie Autrichienne.	2 Partie des Cercles de basse et haute Saxe, de la Lusace et de la Silésie.	2 La plus grande partie de l'Angleterre, comprenant la Principauté de Galles, les Comtés de l'Ouest, du Sud, de l'Est, du Milieu et partie de ceux du Nord.
3. Carte Générale de la France.	3 Partie de Tras-os Montes, et de l'Alentejo; le Beira, l'Estremadure tant Portugaise qu'Espagnole, partie de Léon, de la Vieille et de la Nouvelle Castille, et de l'Andalousie.	3 l'Isle de Corse, partie de la Sardaigne et de la Toscane.	3 Les Pays-bas Autrichiens; Partie des Cercles de Westphalie, du haut et du Bas Rhin, de haute Saxe, de Franconie, de Souabe et de Baviere.	3 Partie de l'Irlande, comprenant les Provinces du Nord ou l'Ultonie, avec quelques Isles Occidentales de l'Ecosse.
4. Les Gouvernemens de l'Isle de France et de Champagne, et les Généralités de Paris et de Châlons.	4 Partie de la Nouvelle Castille et de Murcie, Valence, partie de l'Arragon et de la Catalogne, avec les Isles de Mallorque, Ivice, et Minorque.	4 Partie de l'Etat de l'Eglise et du Royaume de Naples.	4 Partie des Cercles de haute Saxe, de Baviere et d'Autriche; la Bohême, et la Moravie, partie de la Silésie et de la Lusace.	4 l'Ecosse tant Septentrionale que Méridionale et la plus grande partie des Comtés du Nord de l'Angleterre.
5. Gouvernemens de Normandie et du Havre, ainsi que les trois Généralités de Rouen, Caen et Alençon.	5 l'Algarve; partie de l'Alentejo, de l'Andalousie et de Grenade.	5 Partie de la Sardaigne.	5 La Suisse; partie des Cercles de Souabe, de Baviere et d'Autriche.	
6. Gouvernemens de Picardie, de Boulonnois et d'Artois, avec la Généralité d'Amiens et celle de Soissons dans le Gouvernement de l'Isle de France.	6 Partie de Grenade et de Murcie.	6 Partie du Royaume de Naples, la Sicile et l'Isle de Malte.	6 Partie des Cercles de Baviere et d'Autriche	
7. Pays-bas François; comprenant les Gouvernemens de Flandre et d'Artois, ainsi que les Intendances de Flandre et de Hainaut.				
8. Les Duchés de Lorraine et de Bar, et les Evéchés de Metz, Toul et Verdun, avec les Généralités de Nancy et de Metz.				
9. Carte particuliere du Pays Messin.				
10. Gouvernement et Généralité d'Alsace.				
11. Gouvernemens et Généralités de Bourgogne et de Fr.che Comté.				
12. Gouvernem.ᵗ d'Orléanois, de Touraine, du Maine, d'Anjou, et du Saumurois, avec les Généralités d'Orléans et de Tours.				
13. Gouvernement de Bretagne.				
14. Gouvernemens de Poitou, de Berri, Bourbonnois et de Nivernois, avec les Généralités de Poitiers, de Bourges &c.				
15. Gouvernem.ᵗ et Généralités du Lyonois et d'Auvergne, subdivisées en petits pays.				
16. Gouvernement du Dauphiné et Généralité de Grenoble.				
17. Gouvernemens de Provence et Généralité d'Aix.				
18. Gouvernem.ᵗ de Languedoc, de Roussillon, de Foix et Partie de celui de Guienne et Gascogne, avec les Généralités de Toulouse, de Montpellier, de Montauban, de Perpignan, et partie de celle d'Auch.				
19. Gouvernem.ᵗ d'Aunis, de Saintonge, de Limosin, avec partie de celui de Guienne et le Gouvernement de Béarn et basse Navarre. Les Généralités de la Rochelle, de Limoges, de Bordeaux, de Pau, et partie de celle d'Auch.				

N.B. Il y a dans cette Carte des Routes poussées jusqu'en Italie, en Hongrie, en Pologne, en Prusse et en Dannemarck.

N.B. Cette Carte renferme des Routes dirigées de Paris et des Ports de France sur la Manche jusqu'en Angleterre.

Ire SE…

Fra…

…ontispice…
…ble des Cart…
…inéraire Ga…
…rte Générale…
…s Gouvern…
…rance et de…
…néralités a…
…uvernemen…
…vre, ainsi q…
…té de Rouen…
…uvernemen…
…mois et du…
…hté d'Arra…
…ms dans le…
…isle de Fran…
…ys-bas Fra…
…s Gouvernen…
…Artois, ainsi…
…e de Flandr…
…es Duchés d…
…s les Evêché…
…erdun; avec…
…Nancy et de…
…arte particu…
…Messin…
…Gouverneme…
…d'Alsace…
…Gouvernemen…
…Bourgogne e…
…Gouvernem.…
…raine, du Mai…
…marois, avec…
…éans et de T…
…Gouvernemen…
…uvernemens…
…ourbonnois…
…s Généralit…
…ourges &…
…uvernem.t…
…yonnois et d…
…isées en pet…
…uvernemen…
…ralité de Gre…
…uvernemen…
…énéralité d…
…ouvernem.t d…
…illon de Foix…
…uienne et Ga…
…éralités de T…
…er, de Monta…
…partie de cell…
…uvernem.t a…
…le Limosin, a…
…le Guienne et…
…éarn et basse…
…ités de la Roc…
…ordeaux, de Pa…

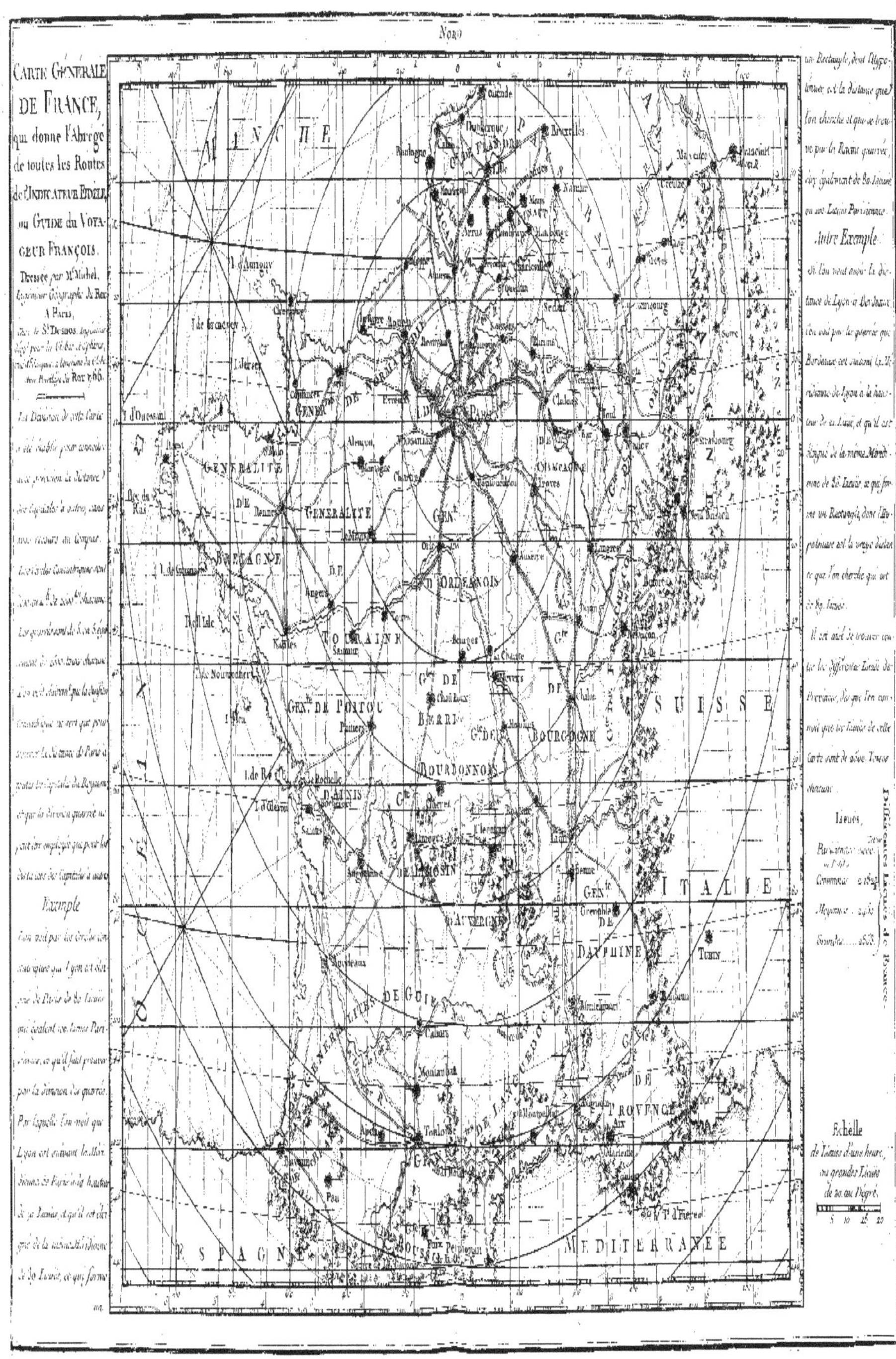

Nord
CARTE GENERALE
DE FRANCE,
qui donne l'Abregé
de toutes les Routes
de l'INDICATEUR FIDELE,
ou GUIDE DU VOYA-
GEUR FRANÇOIS.
MANCHE
GENER. DE NORM.
GENERALITE DE BRETAGNE
GENERALITE
TOURAINE
GEN. DE POITOU
D'AUNIS
GENERALITE DE BOURGOGNE
BERRY
BOURBONNOIS
LIMOSIN
D'AUVERGNE
SUISSE
ITALIE
DAUPHINE
Turin
GENER. DE GUIENNE
DE LANGUEDOC
PROVENCE
ESPAGNE
MEDITERRANEE
Exemple
Autre Exemple
Echelle
de Lieues d'une heure,
ou grandes Lieues
de 20. au Degré.
5   10   15   20

LES GOUVERNEMENS
DE L'ISLE DE FRANCE
ET DE CHAMPAGNE
Et les Généralités
DE PARIS ET DE CHALONS
Avec toutes les Grandes Routes
et leur de communication, ainsi
que les distances en lieues d'usage
dans les Provinces
Revus et Corrigés en 1766
A PARIS
Chez de S. Delnos Ingénieur Geog.
Rue St. Jacques au Globe
A. P. D. R.

PICARDIE
NORMANDIE
GOUVERNEMENT
GENERAL DE CHAALONS
GENERAL DE L'ISLE DE FRANCE
DE FRANCE
CHAMPAGNE
GENE de Ch
BEAUCE
ORLEANOIS
GATINOIS
BOURGOGNE
Echelle
Lieues d'une heure
Paris
Versailles
Chartres
Meaux
Rheims
Verdun
Troyes
Sens
Auxerre
Tonnerre
Nemours
Orleans
Langres
Bar le Duc
Beauvais
Senlis

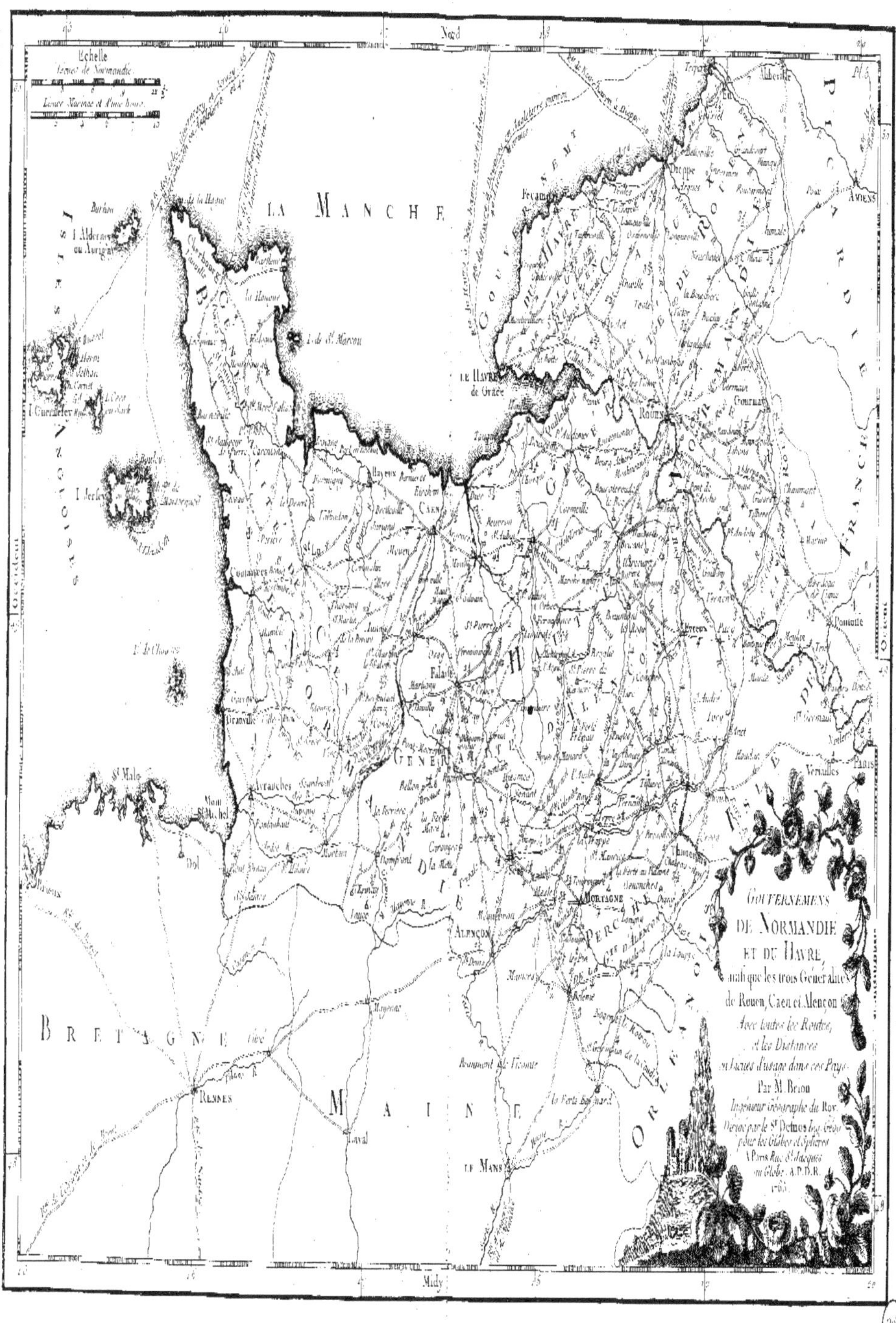

Nord
Midy
Orient
Occident
LA MANCHE
PICARDIE
FRANCE
BRETAGNE
MAINE
Echelle
Lieues de Normandie.
Lieues Marine et d'une heure.
I. Alderney ou Aurigny
I. Jersey
I. Guernesey
Barfleur
le Havre de Grace
ROUEN
CAEN
Falaise
Avranches
Mont St. Michel
Dol
St. Malo
RENNES
Laval
LE MANS
ALENÇON
MORTAGNE
PERCHE
Fécamp
Versailles
Paris
AMIENS
GOUVERNEMENS
DE NORMANDIE
ET DU HAVRE,
ainsi que les trois Généralités
de Rouen, Caen et Alençon
Avec toutes les Routes,
et les Distances
en lieues d'usage dans ces Pays.
Par M. Brion
Ingénieur Géographe du Roy.
Dérigé par le Sr. Delnos Ing. Géogr.
pour les Globes et Sphères
A Paris Rue St. Jacques
au Globe. A.P.D.R.
1763.

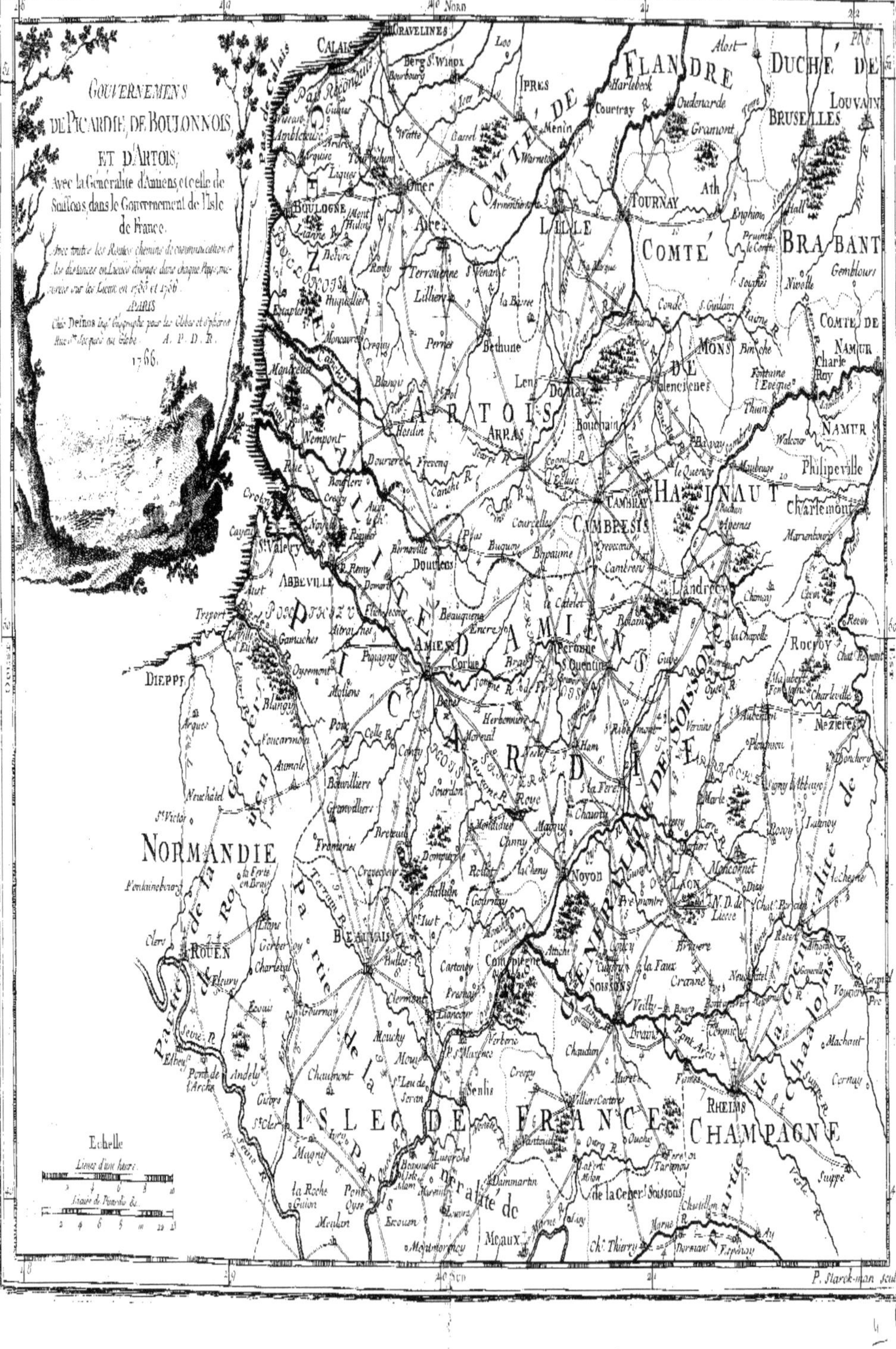

GOUVERNEMENS
DE PICARDIE, DE BOULONNOIS,
ET D'ARTOIS;
Avec la Généralité d'Amiens, et celle de
Soissons dans le Gouvernement de l'Isle
de France.
Avec toutes les Routes chemins de communication et
les distances en Lieuës d'usage dans chaque Pays, me-
surées sur les Lieux en 1765 et 1766.
PARIS
Chez Desnos Ing.r Géographe pour les Globes et Sphères
Rue S.t Jacques au Globe.   A. P. D. R.
1766.
Echelle
Lieües d'une heure
Lieües de Poste ou &.
NORD
SUD
FLANDRE
DUCHÉ DE
LOUVAIN
BRUSELLES
BRABANT
COMTÉ DE
NAMUR
HAINAUT
charlemont
ARTOIS
CAMBRESIS
AMIENS
PICARDIE
GENERALITÉ DE SOISSONS
NORMANDIE
ISLE DE FRANCE
CHAMPAGNE
ROUEN
DIEPPE
BEAUVAIS
ABBEVILLE
BOULOGNE
CALAIS
GRAVELINES
IPRES
LILLE
TOURNAY
ARRAS
CAMBRAY
PERONNE
S.t Quentin
LAON
SOISSONS
NOYON
RHEIMS
MONS
Valenciennes
ROCROY
Mezieres
Charleville
Philipeville
Compiegne
Senlis
Meaux
Pas de Calais
P. Starck-man sculp.

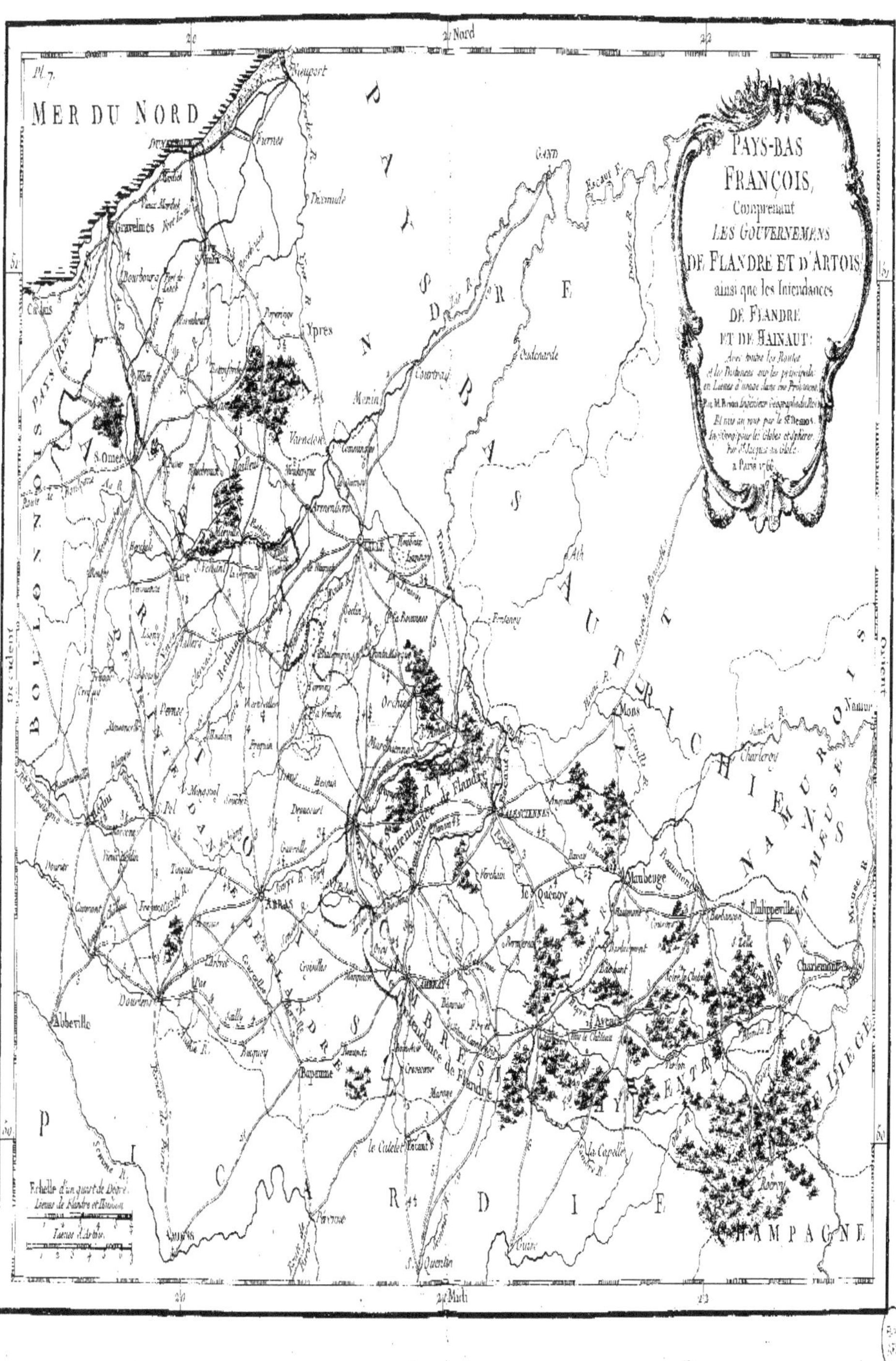
Pl. 7.
MER DU NORD
PAYS-BAS
FRANÇOIS,
Comprenant
LES GOUVERNEMENS
DE FLANDRE ET D'ARTOIS
ainsi que les Intendances
DE FLANDRE
ET DE HAINAUT:
Avec toutes les Routes
et les Distances sur les principales
en Lieues d'usage dans ces Provinces.
Par M. Brion Ingénieur Géographe du Roi.
a Paris 1766.
Nieuport
Furnes
Gravelines
Dunkerque
S. Omer
Calais
Ypres
Courtray
Menin
Armentieres
GAND
Oudenarde
Ath
Mons
VALENCIENNES
Maubeuge
Philippeville
Charleroy
Namur
ARRAS
S. Pol
Doulens
Abbeville
Bapaume
Bethune
Aire
le Quenoy
Avenes
Charlemont
Rocroy
la Capelle
le Catelet
S. Quentin
CHAMPAGNE
BOULONOIS
ARTOIS
FLANDRE
CAMBRESIS
PICARDIE
AUTRICHIEN
NAMUROIS
LIEGE
Echelle d'un quart de Degré.
Lieues de Flandre et Hainaut.
Lieues d'Artois.

Pl. B.
LES DUCHÉS DE LORRAINE, ET DE BAR, ET LES ÉVÊCHÉS DE METZ, TOUL ET VERDUN, avec les Généralités de Nancy et de Metz &c.
et toutes les Routes et Chemins de communication des Villes et Bourgs, ainsi que les itinéraires que tiennent les Troupes par rapport aux Étapes, et les Distances en lieues d'usage dans chaque Province.
à Paris chez le S. Desnos
Echelle
Lieues d'une heure.
Gravé par P. Jaïrek-man.

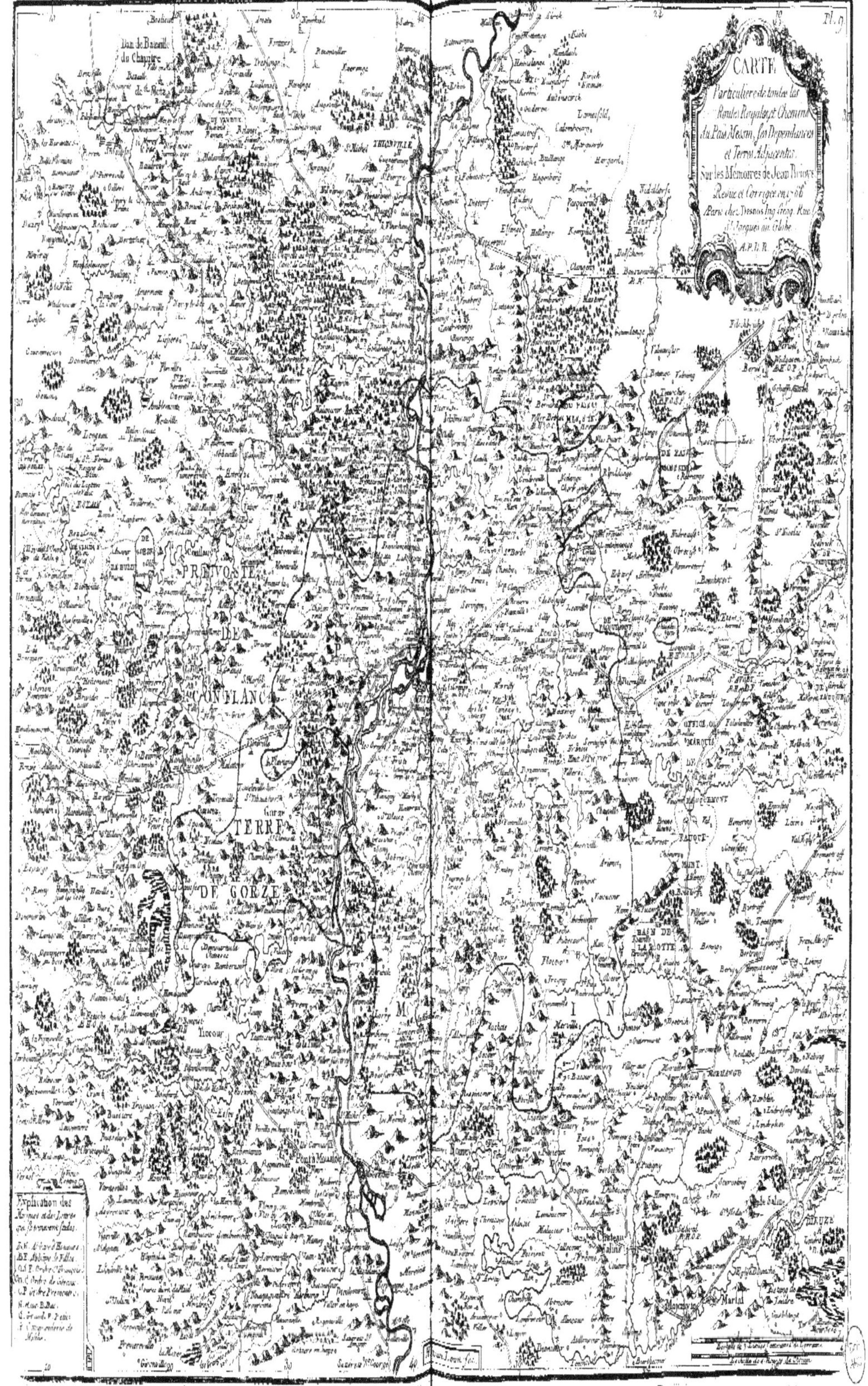
Pl. 9
CARTE
Particuliere de toutes les
Routes Royales et Chemins
du Pais Messin, ses Dependances
et Terres Adjacentes.
Sur les Mémoires de Jean Briois.
Revue et Corrigée en 1756.
A Paris chez Desnos Ing. Geog. Rue
St. Jacques au Globe.
A.P.D.R.
THIONVILLE
PREVOSTÉ DE P.
DE CONFLANS
Terre de GORZE
DE GORZE
Pont à Mousson
DIEUZE
Explication des
Marques et des Lettres
qui se trouvent sur la Carte.

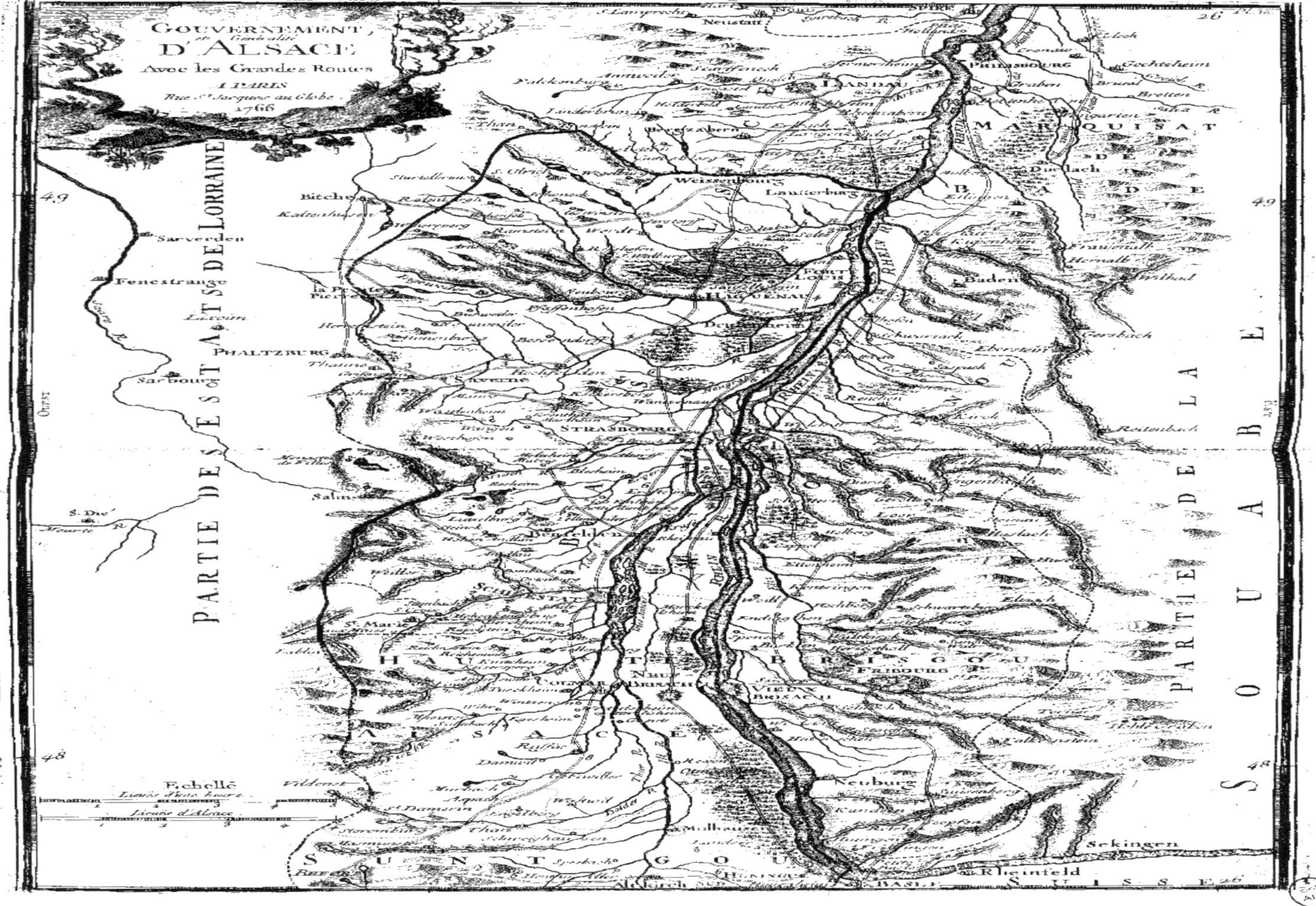

GOUVERNEMENT, ou Généralité D'ALSACE
Avec les Grandes Routes
A PARIS
Rue St. Jacques au Globe
1766
PARTIE DES ESTATS DE LORRAINE
PARTIE DE LA SOUABE
Echelle
Lieües d'une lieue
Lieuë d'Alsace

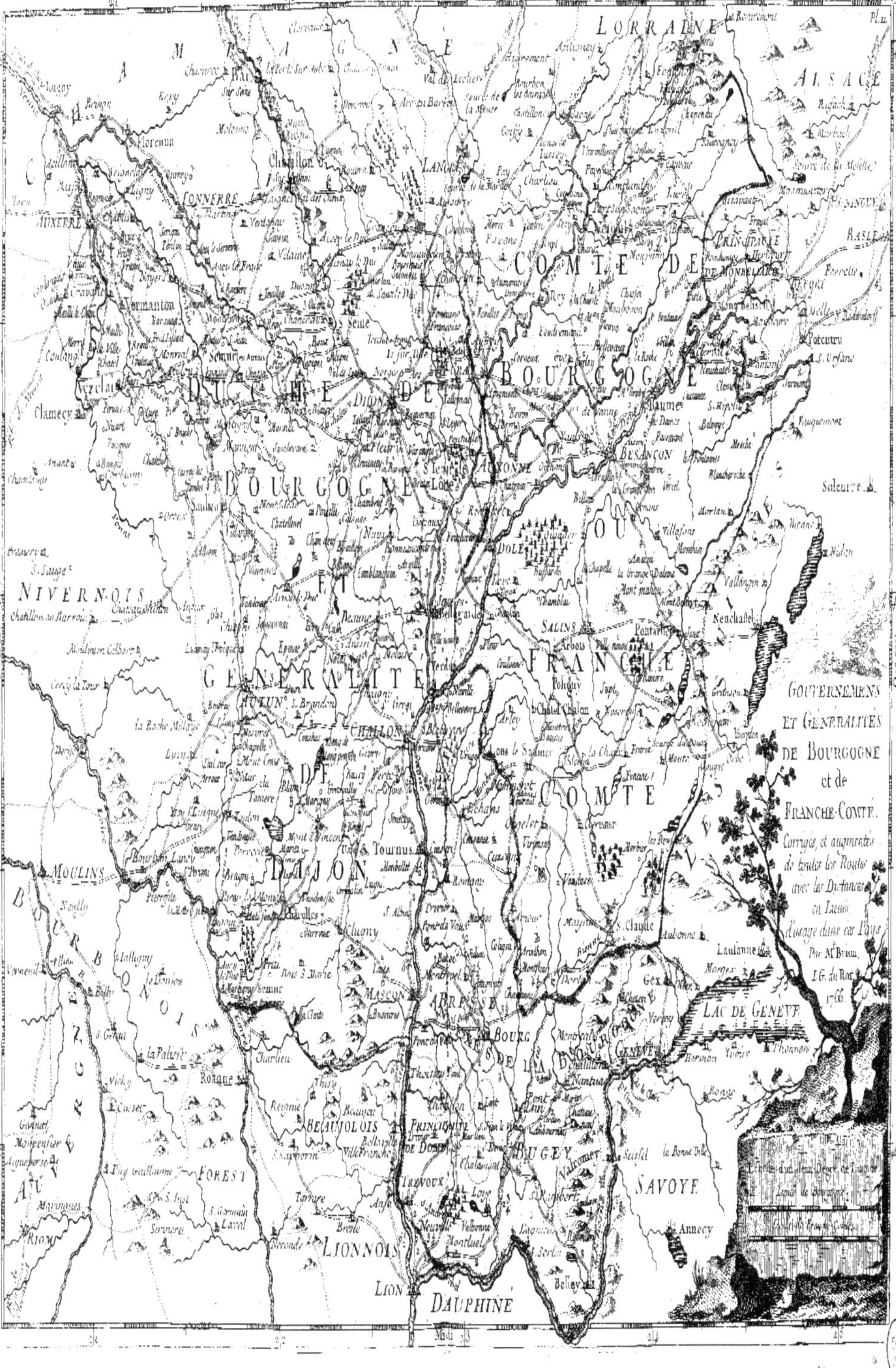

GOUVERNEMENS ET GENERALITÉS DE BOURGOGNE et de FRANCHE-COMTÉ.
Corrigés et augmentés de toutes les Routes avec les Distances en lieues d'usage dans ces Pays
Par Mr Brion, I.G. du Roi
1766
LORRAINE
ALSACE
COMTÉ DE BOURGOGNE
PRINCIPAUTÉ DE MONBELIARD
BASLE
BESANÇON
DUCHÉ DE BOURGOGNE
DIJON
DOLE
NIVERNOIS
GENERALITÉ
FRANCHE
COMTÉ
SALINS
AUXUN
CHALON
MOULINS
BOURBONOIS
MASCON
BRESSE
BOURG
BEAUJOLOIS
PRINCIPAUTÉ DE DOMBE
BUGEY
SAVOYE
LAC DE GENEVE
GENEVE
S. Claude
FOREST
LIONNOIS
LION
DAUPHINÉ

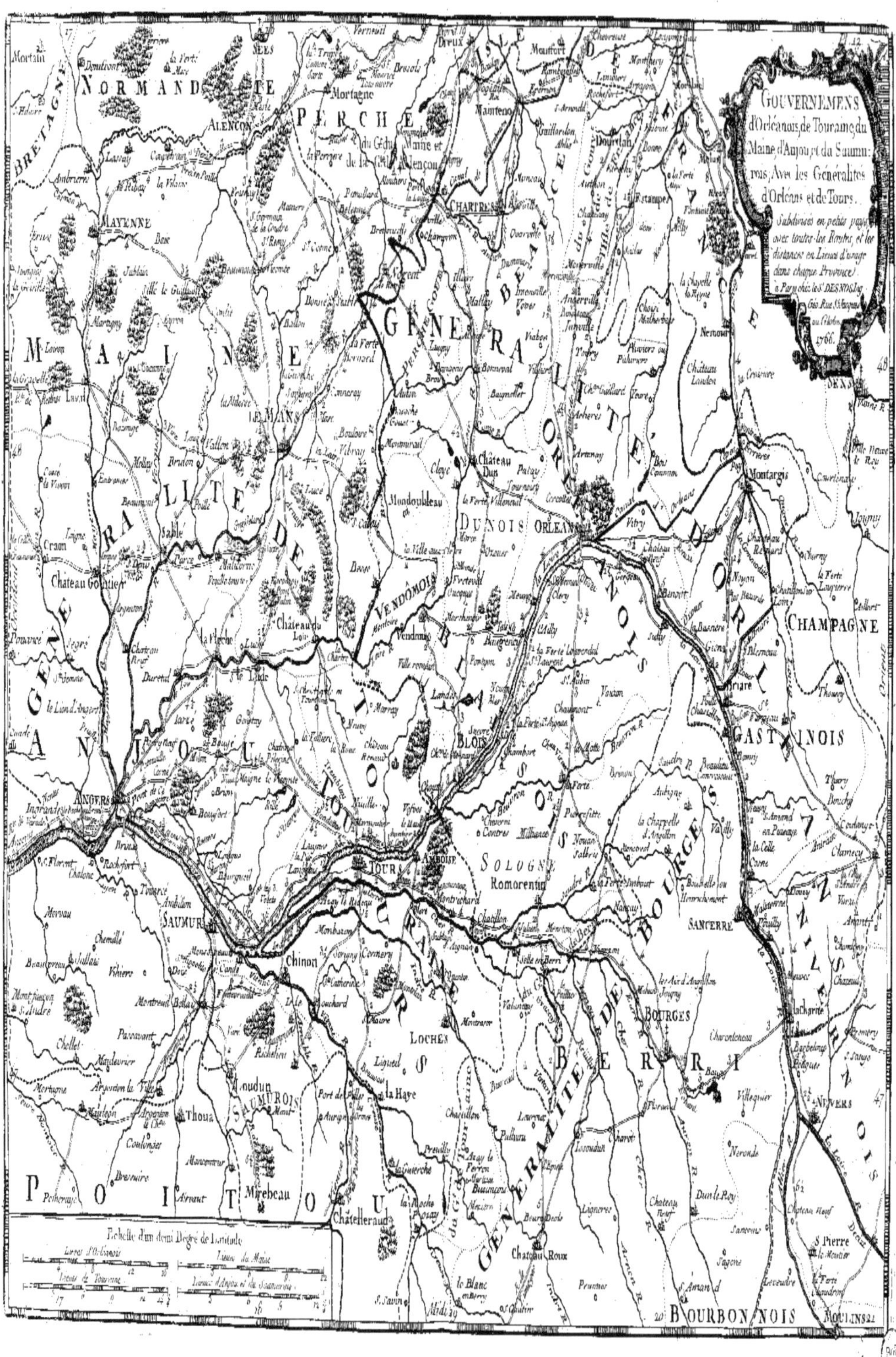

GOUVERNEMENS d'Orléanois, de Touraine, du Maine, d'Anjou et du Saumurois; Avec les Généralités d'Orléans et de Tours. Subdivisés en petits pays, avec toutes les Routes, et les distances en Lieües d'usage dans chaque Province. a Paris chez le S.r DESNOS Ing.r Géo.e Rue S.t Jacques au Globe. 1766.
NORMANDIE
BRETAGNE
PERCHE
MAINE
GÉNÉRALITÉ D'ORLÉANS
GÉNÉRALITÉ DE TOURS
ANJOU
TOURAINE
BLESOIS
VENDOMOIS
DUNOIS
ORLÉANOIS
GASTINOIS
CHAMPAGNE
BERRI
SOLOGNE
BOURGES
NIVERNOIS
BOURBONNOIS
POITOU
SAUMUROIS
Mortain
Domfront
la Ferté Macé
ALENÇON
MAYENNE
Mortagne
CHARTRES
Château Dun
ORLÉANS
Montargis
SENS
ANGERS
SAUMUR
Chinon
LOCHES
TOURS
AMBOISE
BLOIS
Romorentin
Vendôme
SANCERRE
NEVERS
MOULINS
Châtellerault
Thouars
Mirebeau
Loudun
Sablé
Château Gontier
Le Mans
la Flèche
le Lude
Échelle d'un demi Degré de Latitude
Lieües d'Orléanois
Lieües du Maine
Lieües de Touraine
Lieües d'Anjou et de Saumurois

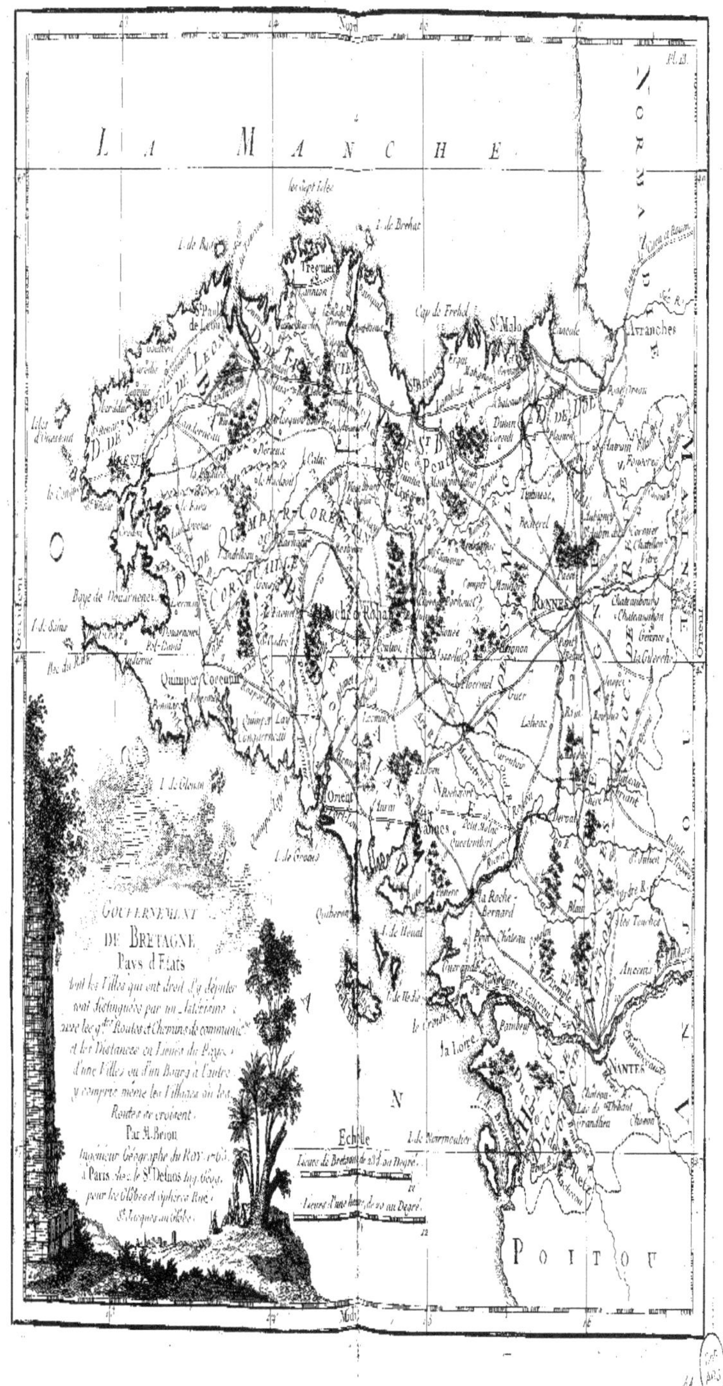

Pl. 13.
LA MANCHE
NORMANDIE
MAINE
les sept Isles
I. de Bréhat
I. de Bas
Treguer
Lannion
Cap de Fréhel
St Malo
Avranches
St Paul
de Léon
Ouessant
Isles
d'Ouessant
D. DE ST POL DE LEON
BREST
le Conquet
I. de Sein
Bec du Raz
D. DE CORNOUAILLE
D. DE QUIMPER
Baye de Douarnenez
Douarnenez
Pont-Croix
Audierne
Quimper Corentin
Quimper Corentin
Concarneau
I. de Groais
QUIMPER CORENTIN
DUCHÉ DE ROHAN
ST BRIEUC
de Pen
D. DE DOL
Dinan
Fougères
RENNES
Vitré
Châteaubourg
Châteaugiron
La Guerche
Ploermel
Guer
Loheac
Redon
I. de Groais
Orient
I. de Houat
Quiberon
I. de Belle Isle
le Croisic
I. de Noirmoutier
la Roche-Bernard
NANTES
DUCHÉ DE RETZ
Ancenis
Clisson
POITOU
GOUVERNEMENT
DE BRETAGNE
Pays d'Etats
dont les Villes qui ont droit d'y députer
sont distinguées par un Astérisme :
avec les g.des Routes et Chemins de communic.on
et les Distances en Lieues du Pays
d'une Villes ou d'un Bourg à l'autre
y compris même les Villages où les
Routes se croisent.
Par M. Brion
Ingénieur Géographe du Roy. 1763.
à Paris chez le S.r Desnos Ing. Géog.
pour les Globes et Sphères Rue
St Jacques au Globe.
Echelle
Lieues de Bretagne de 23 1/4 au Degré
et
Lieues d'une heure de 20 au Degré.
N

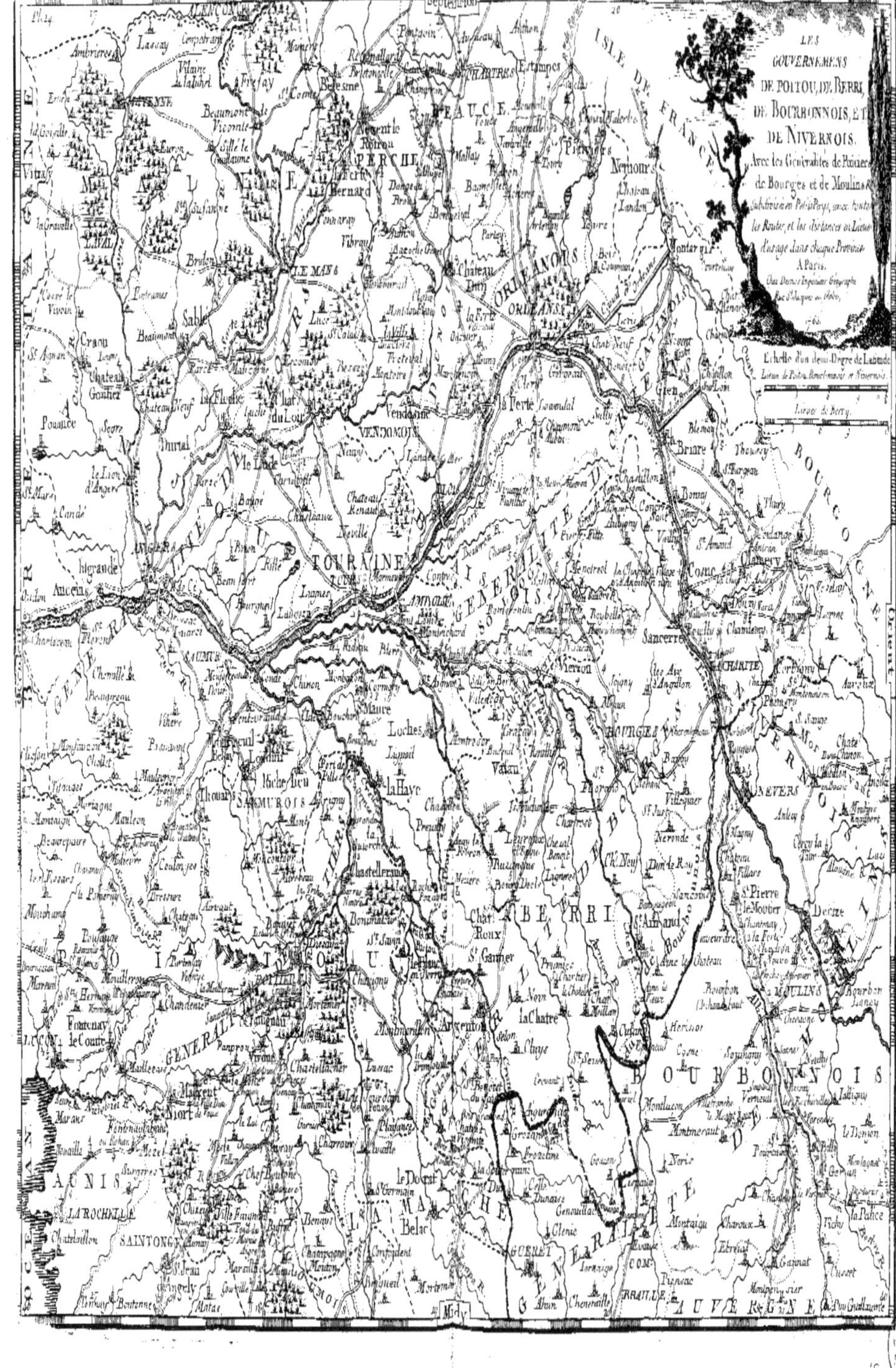

LES
GOUVERNEMENS
DE POITOU, DE BERRI,
DE BOURBONNOIS, ET
DE NIVERNOIS.
Avec les Généralités de Poitiers
de Bourges et de Moulins
Subdivisés en Petits Pays, avec toutes
les Routes, et les distances en Lieues
d'usage dans chaque Province
A Paris.
Chez Desnos Ingénieur Géographe
Rue St Jacques au Globe.
1766
Echelle d'un demi Degre de Latitude
Lieues de Poitou, Bourbonnois et Nivernois
Lieue de Berry.
Septentrion
Orient
ORLEANOIS
ORLEANS
TOURAINE
TOURS
BOURGOGNE
GENERALITE DE BOURGES
BERRI
BOURGES
NIVERNOIS
NEVERS
BOURBONNOIS
MOULINS
POITOU
GENERALITE DE POITIERS
SAUMUROIS
PERCHE
BEAUCE
ISLE DE FRANCE
GATINOIS
MARCHE
AUNIS
SAINTONGE
LA ROCHELLE
LE MANS
LAVAL
VENDOMOIS
AUVERGNE

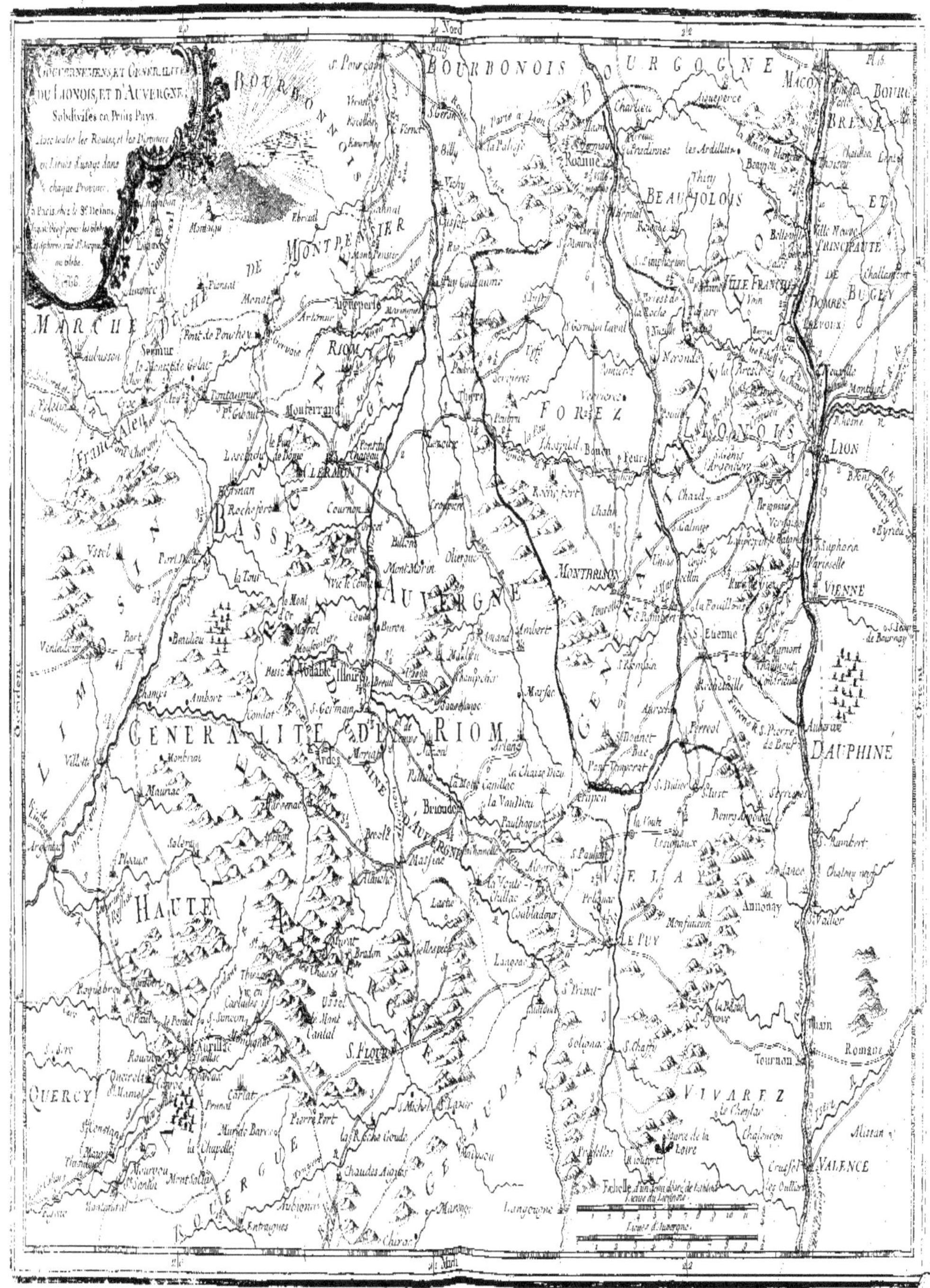
GOUVERNEMENS ET GENERALITÉ DU LIONOIS ET D'AUVERGNE.
Subdivisés en Petits Pays.
Avec toutes les Routes et les Distances en Lieües d'usage dans chaque Province.
A Paris chez le Sr Desnos
Pl. 16
Nord
Midi
Occident
Orient
BOURBONOIS
BOURGOGNE
MACON
BRESSE
BOURBONOIS
DE MONTPENSIER
DUCHÉ
MARCHE
Montaigu
Ebreuil
Gannat
Vichy
Cusset
Riom
St Pourçain
Billy
la Palisse
Roanne
BEAUJOLOIS
Charlieu
Aiguesperce
VILLE FRANCHE
PRINCIPAUTÉ DE DOMBES
BUGEY
Chartres
FRANC ALEU
RIOM
Thiers
FOREZ
Feurs
MONTBRISON
LIONOIS
LION
VIENNE
BASSE AUVERGNE
CLERMONT
Rochefort
Courpiere
Ambert
Vic le Comte
le Mont d'Or
Besse
Marsac
S. Germain
Issoire
GENERALITÉ DE RIOM
Brioude
la Chaise Dieu
S. Etienne
DAUPHINÉ
LIMAGNE
HAUTE
Mauriac
Murat
Brioude
Langeac
LE PUY
VELAY
Annonay
Tournon
Aurillac
S. FLOUR
Mont Cantal
Carlat
GEVAUDAN
VIVAREZ
Valence
Chaudes Aigues
QUERCY
ROUERGUE
Entraigues
Langogne
Gorge de la Loire
Echelle d'un jour d'une de huit Lieuës du Lionois
Lieuës d'Auvergne

GOUVERNEMENT
DE DAUPHINÉ,
ET GÉNÉRALITÉ
DE GRENOBLE,
Avec toutes les Routes,
et les Distances en lieues
d'usage dans ces Pays.
à Paris,
chez le Sr. Desnos Ing. Géog
Rue St. Jacques,
au Globe.
1766.

GOUVERNEMENT DE PROVENCE ET GENERALITE D'AIX
avec le Comtat Venaicin
et toutes les Routes,
avec les Distances
Lieues du Pays
chez le S. Desnos
1766
Echelle
Lieues d'une heure
Lieues de Provence
MER MEDITERRANÉE
LES ISLES D'HYERES
MARSEILLE
TOULON
AIX
AVIGNON
ORANGE
VIVIERS
Carpentras
Apt
Cavaillon
Riez
Digne
Sisteron
Grasse
ANTIBES
NICE
Vence
Frejus
St Tropez
Grimaud
Draguignan
Brignolle
Hieres
Arles
Tarascon
Chateau Dauphin
Allos
Colmars
Castellane
Seyne
Barreme
Senez
Riez
Cotignac
Lorgues
GOUVERNEMENT DE
PRINCIPAUTÉ D'ORANGE
COMTAT VENAISCIN
PROVENCE
GENERALITÉ D'AIX
DAUPHINÉ
MER DE MARSEILLE
LES ISLES DE LERINS
Isle de Porquerolles
Isle du Titan
Isle de Port Cros
Isle de Levant
Golfe de Grimaud
Tour Port d'Agai

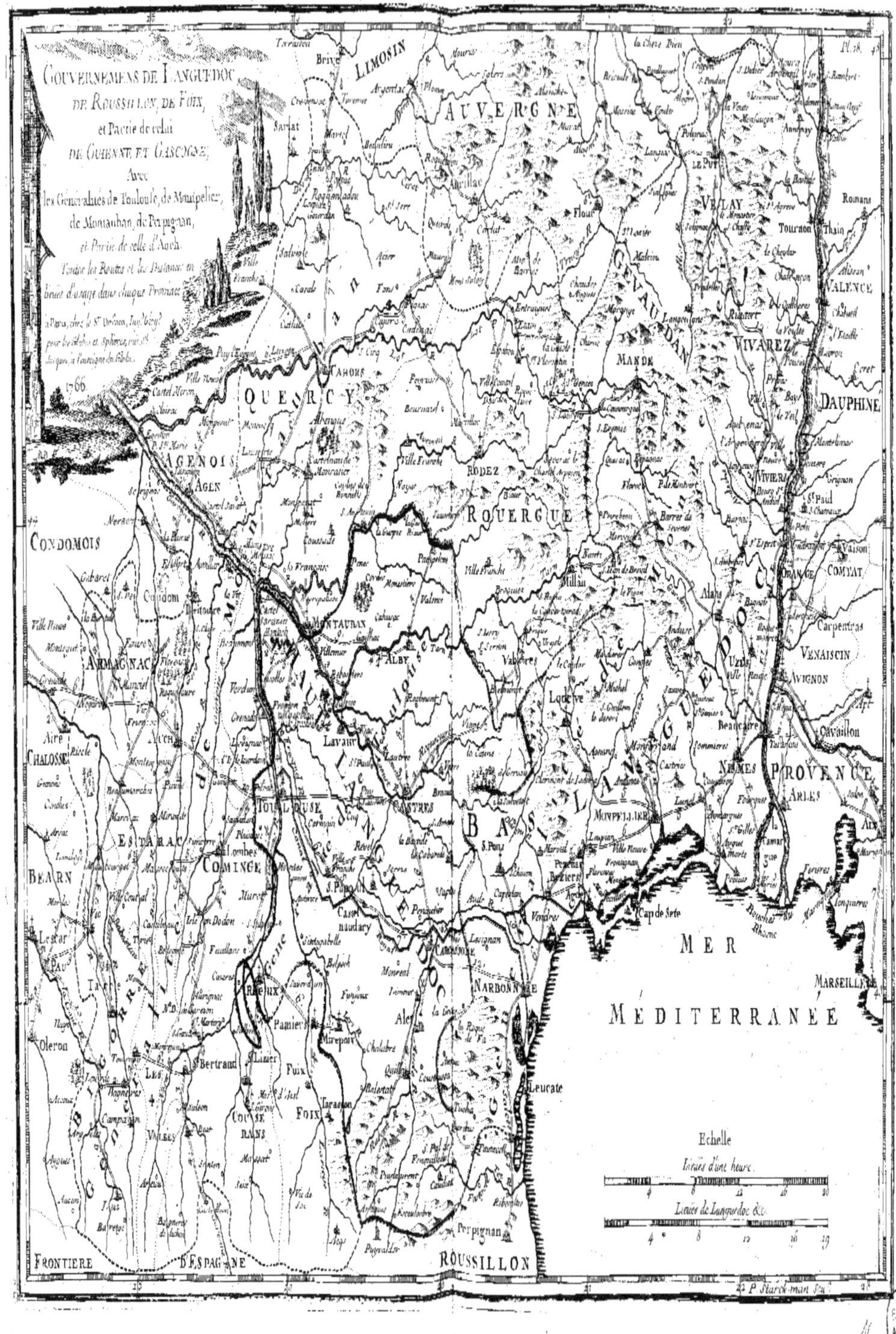

GOUVERNEMENS DE LANGUEDOC,
DE ROUSSILLON, DE FOIX,
et Partie de celui
DE GUIENNE ET GASCOGNE,
Avec
les Generalités de Toulouse, de Montpellier,
de Montauban, de Perpignan,
et Partie de celle d'Auch.
Toutes les Routes et les Distances en
lieues d'usage dans chaque Province.
A Paris, chez le Sr Desnos, Ing.r Géog.e
pour les Globes et Spheres, rue S.t
Jacques, à l'enseigne du Globe.
1766
Echelle
Lieües d'une heure.
Lieües de Languedoc &c.
LIMOSIN
AUVERGNE
GEVAUDAN
VELAY
VIVAREZ
MANDE
DAUPHINE
VIVIERS
ORANGE
COMTAT
CARPENTRAS
VENAISCIN
UZES
AVIGNON
CAVAILLON
NIMES
PROVENCE
ARLES
MONPELLIER
MER MEDITERRANEE
MARSEILLE
CONDOMOIS
QUERCY
AGENOIS
AGEN
ROUERGUE
RODEZ
MONTAUBAN
ALBY
ARMAGNAC
AUCH
LAVAUR
TOULOUSE
CASTRES
LODEVE
BAS LANGUEDOC
BEZIERS
CHALOSSE
ESTARAC
COMINGE
BEARN
PAU
NARBONNE
Leucate
Cap de Sete
FRONTIERE D'ESPAGNE
ROUSSILLON
Perpignan
Foix
FOIX
COUSERANS
BIGORRE
Oleron
Pamiers
Mirepoix
Ale
P. Starck man Sc.

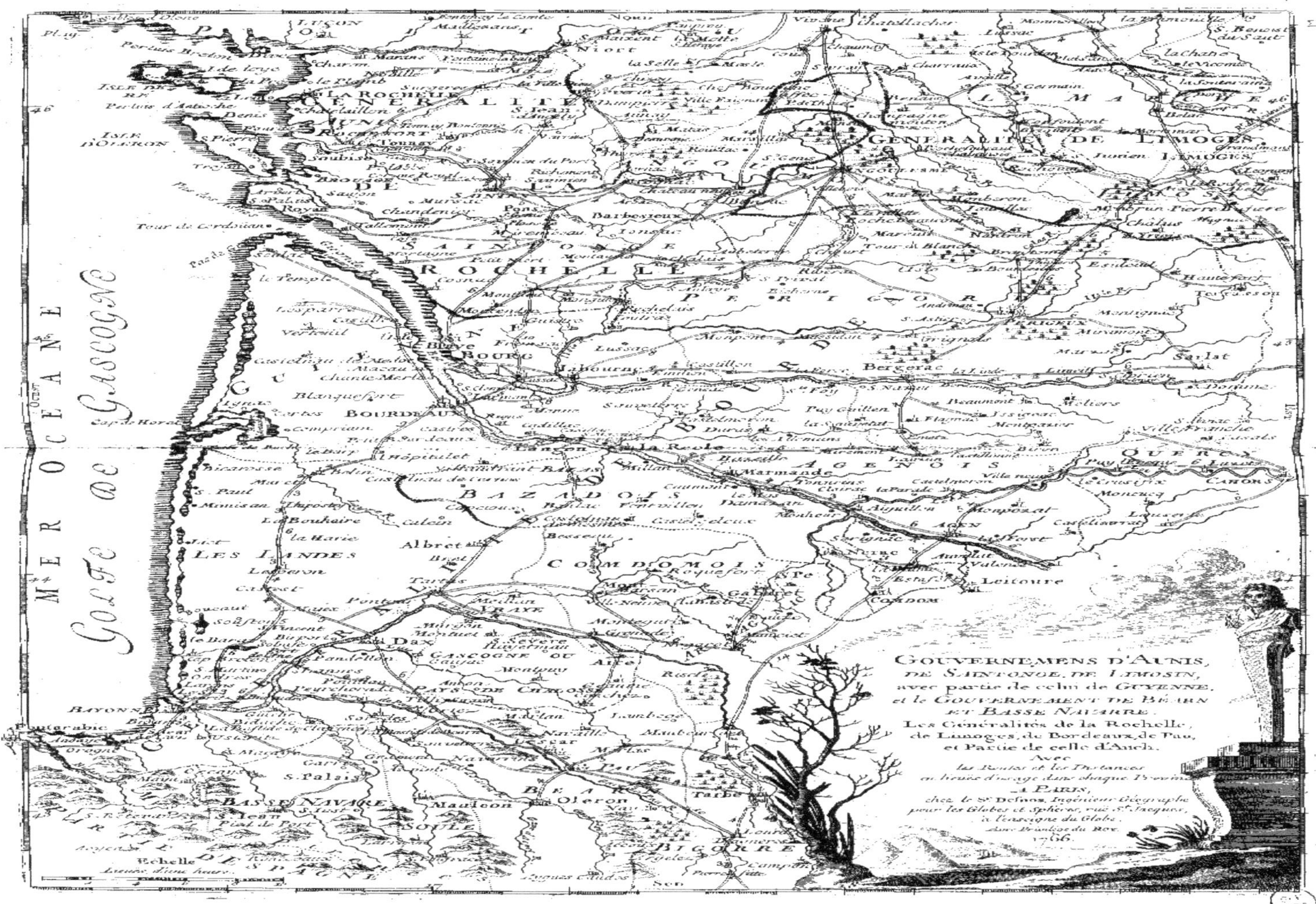

MER OCEANE
GOLFE DE GASCOGNE
GÉNÉRALITÉ D'AUNIS
LA ROCHELLE
GÉNÉRALITÉ DE LIMOGES
ROCHELLE
BOURG
BOURDEAUX
BAZADOIS
LES LANDES
COMDOMOIS
PÉRIGORD
AGENOIS
QUERCI
BIGORRE
BASSE NAVARRE
BÉARN
SOULE
GOUVERNEMENS D'AUNIS,
DE SAINTONGE, DE LIMOSIN,
avec partie de celui de GUYENNE,
et le GOUVERNEMENT DE BÉARN
ET BASSE NAVARRE.
Les Généralités de la Rochelle,
de Limoges, de Bordeaux, de Pau,
et Partie de celle d'Auch.
Avec
les Routes et les Distances
en lieües d'usage dans chaque Province.
A PARIS,
chez le S.r Desnos, Ingénieur Géographe
pour les Globes et Sphères, rue S.t Jacques,
à l'enseigne du Globe.
Avec Privilège du Roy.
1766.

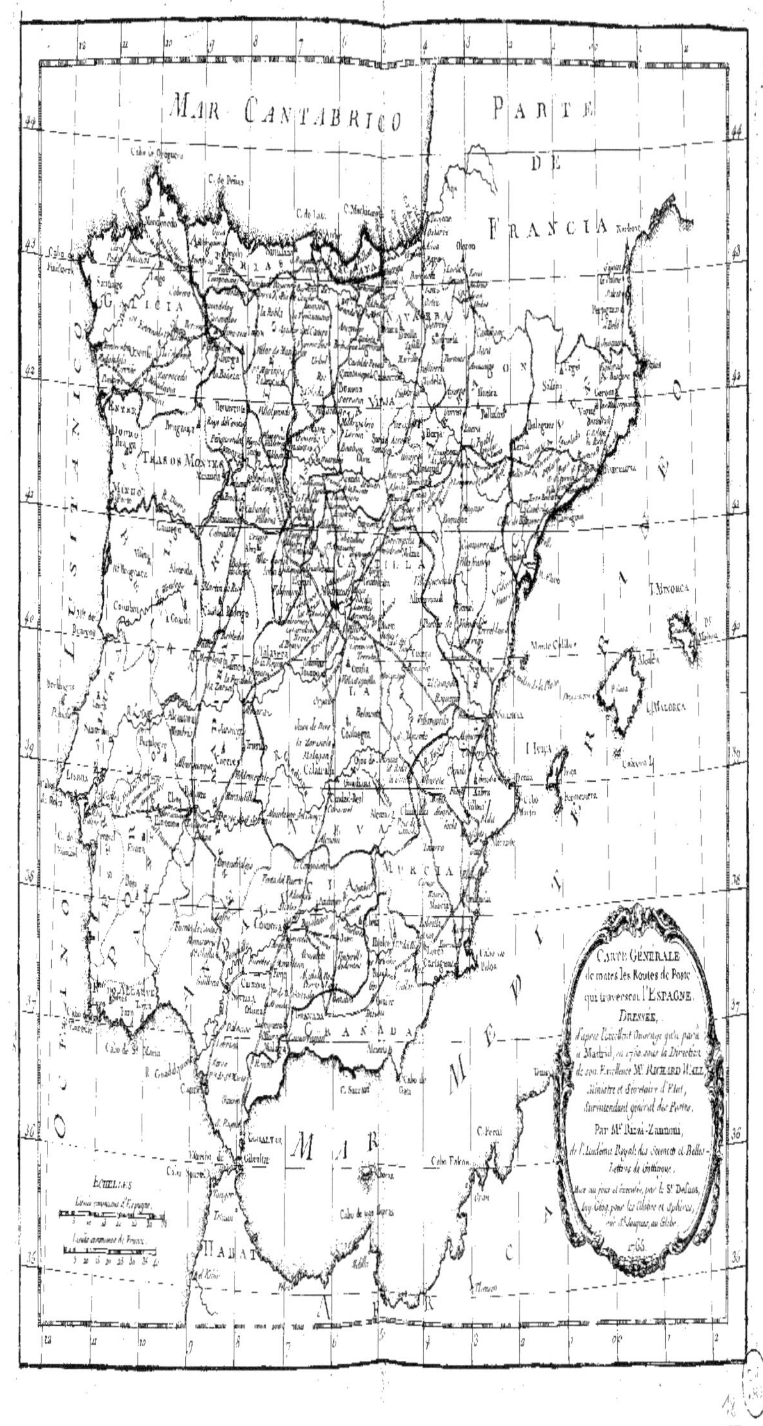

MAR CANTABRICO
PARTE DE FRANCIA
O C E A N O   L U S I T A N I C O
O C E A N O   M E R I D I O N A L
M A R   M E D I T E R R A N E O
GALICIA
TRAS OS MONTES
ASTURIAS
NAVARRA
LEON
CASTILLA
PORTUGAL
ESTREMADURA
NUEVA CASTILLA
VALENCIA
MURCIA
GRANADA
ALGARVE
MALLORCA
MINORCA
YVICA
Lisboa
Gibraltar
BARBARIA
ÉCHELLES
Lieües communes d'Espagne.
Lieües communes de France.
CARTE GÉNÉRALE
de toutes les Routes de Poste
qui traversent l'ESPAGNE,
DRESSÉE,
d'après l'excellent Ouvrage qu'a paru
à Madrid, en 1760, sous la Direction
de son Excellence Mr. RICHARD WALL,
Ministre et Secretaire d'Etat,
Surintendant général des Postes.
Par Mr. Rizzi-Zannoni,
de l'Académie Royale des Sciences et Belles-
Lettres de Gottingue.
Mise au jour et exécutée, par le Sr. Desnos,
Ing. Géog. pour les Globes et Sphères,
rue St. Jacques, au Globe.
1766.

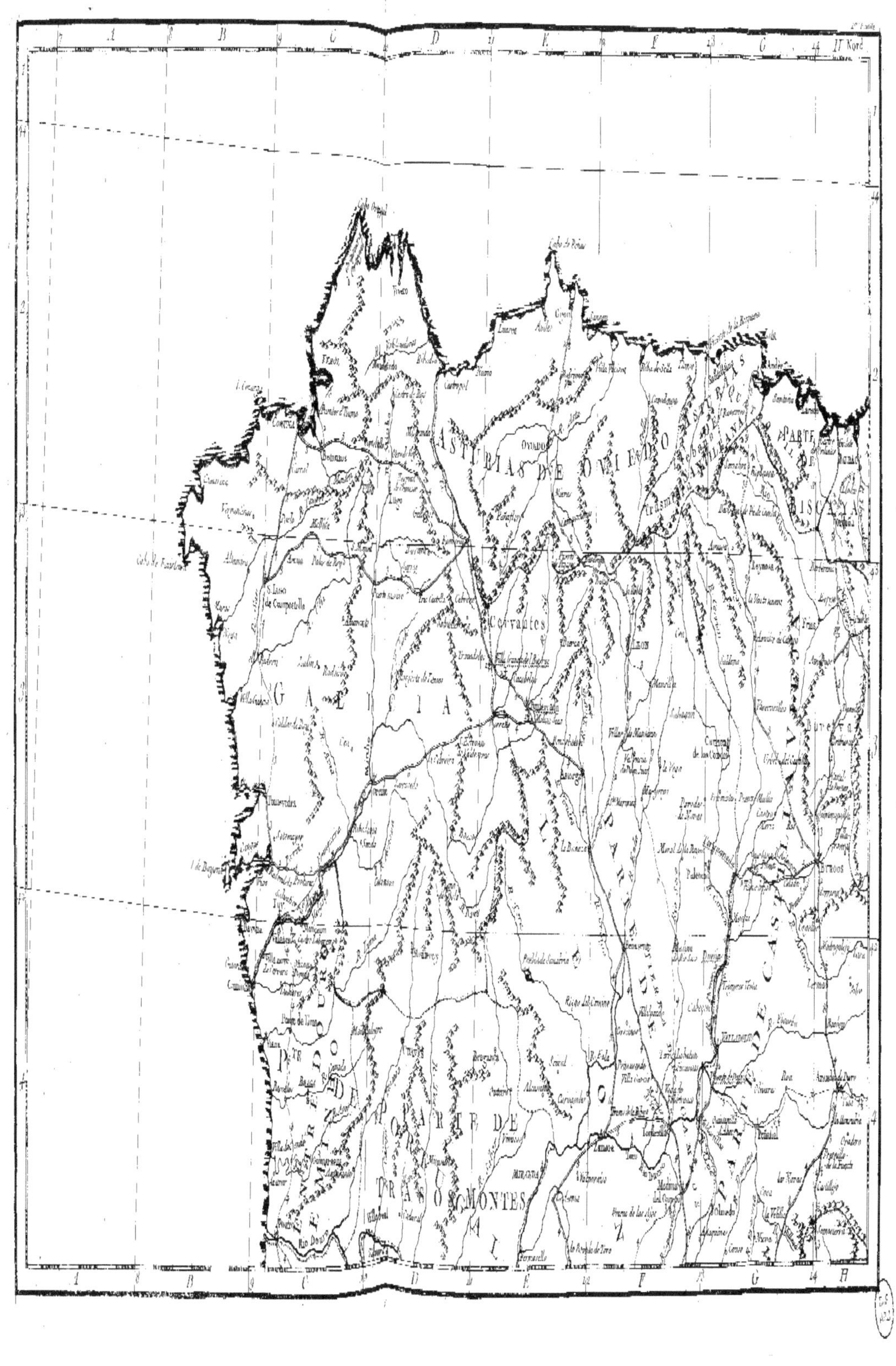
II Nord
ASTURIAS DE OVIEDO
GALICIA
LEON
CASTILLA
PART DE TRAS OS MONTES
Cabo de Peñas
Cabo Ortegal
Vivero
Ferrol
Oviedo
Gihon
Luarca
Naria
Cervantes
LEON
Villafranca del Bierzo
Astorga
La Bañeza
Palencia
Burgos
Valladolid
Zamora
MIRANDA
Rio Douro
Rio Duero

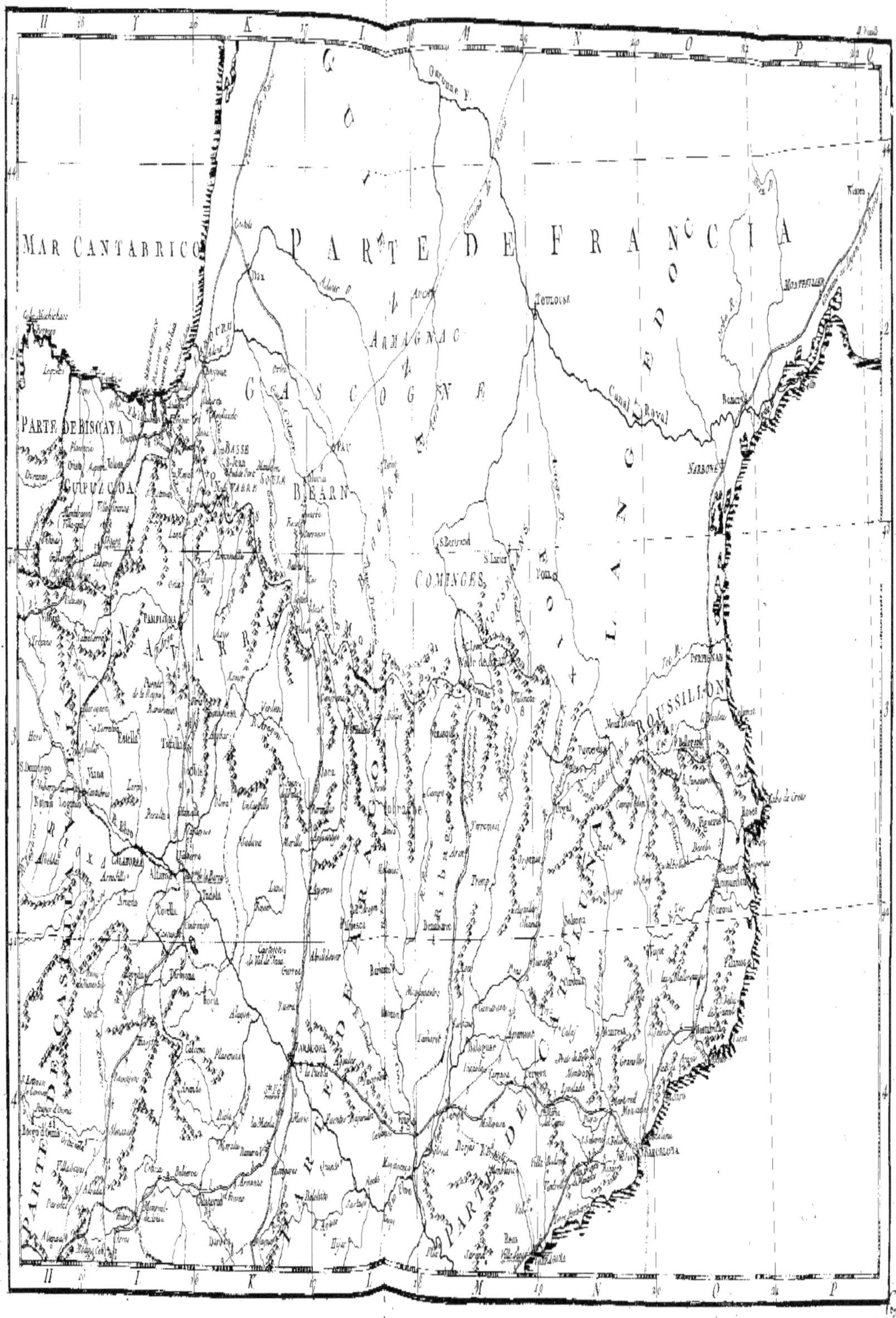

MAR CANTABRICO
PARTE DE FRANCCIA
PARTE DE BISCAYA
GUIPUZCOA
GASCOGNE
ARMAGNAC
BEARN
SOULE
BASSE NAVARRE
S. Jean
Bayone
Dax
Orthes
PAU
Tarbes
COMENGES
S. Bertrand
S. Lazier
TOULOUSE
Canal Roval
NARBONE
ROUSSILLON
PERPIGNAN
MONTPELLIER
Nimes
Cette
PAMPLONA
NAVARRA
ESTELLA
TUDELA
CALAHORRA
Logroño
Haro
Viana
TARAZONA
HUESCA
Lerida
Cervera
BARCELONA
Reus
Tarragona
Figueras
Rosas
Gerona
Cabo de Creus
PARTE DE CATALUÑA
PARTE DE ARAGON
PARTE DE NAVARRA
PARTE DE CASTILLA

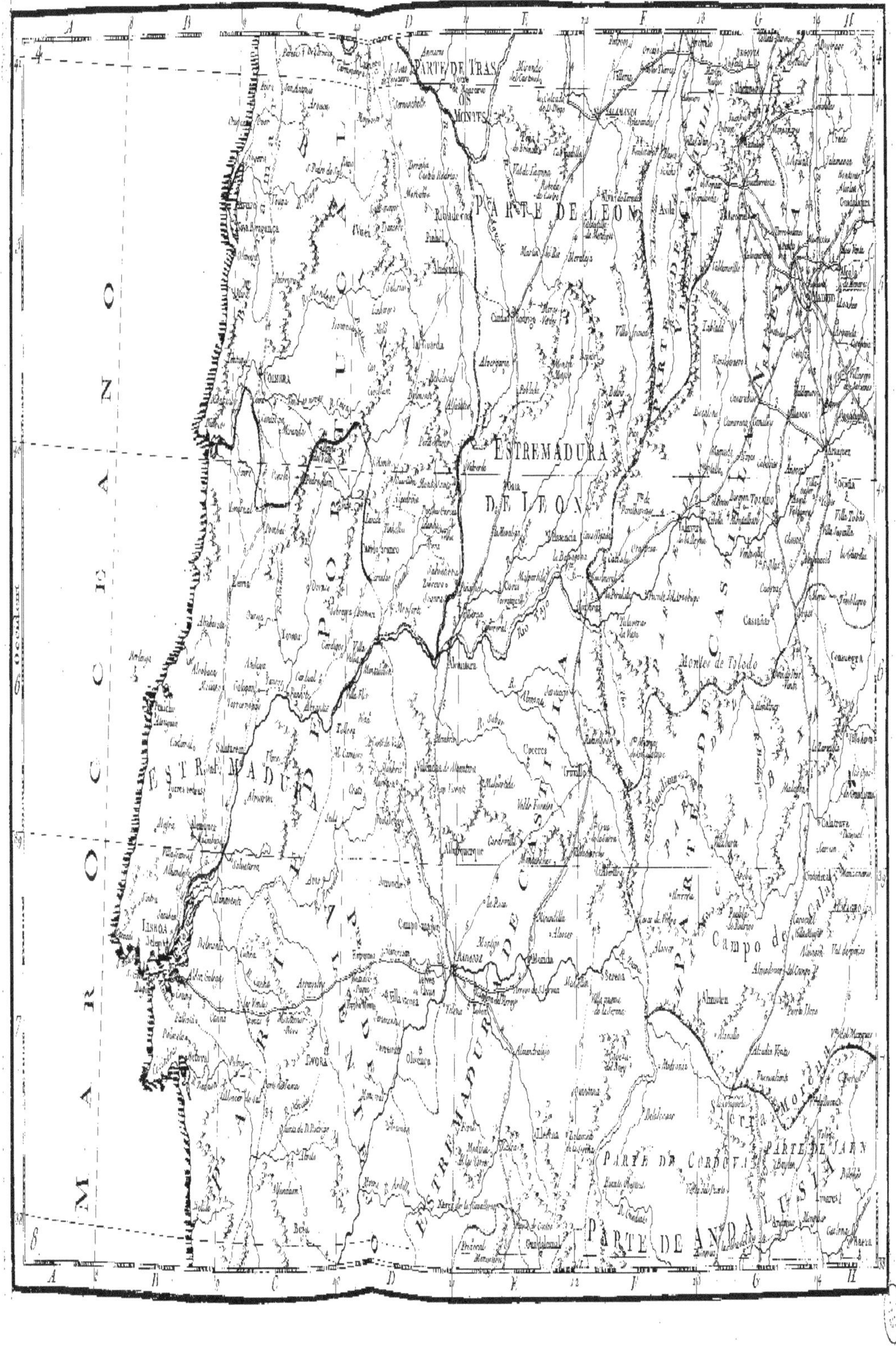
MAR OCCIDEN
PARTE DE TRAS OS MONTES
PARTE DE LEON
ESTREMADURA DE LEON
PARTE DE CASTILLA
PORTUGAL
ESTREMADURA
ALEN TEJO
MADRID
Montes de Toledo
Campo de
Sierra Morena
LISBOA
EVORA
Alcantara
Rio Tajo
PARTE DE CORDOVA
PARTE DE JAEN
PARTE DE ANDALUSIA

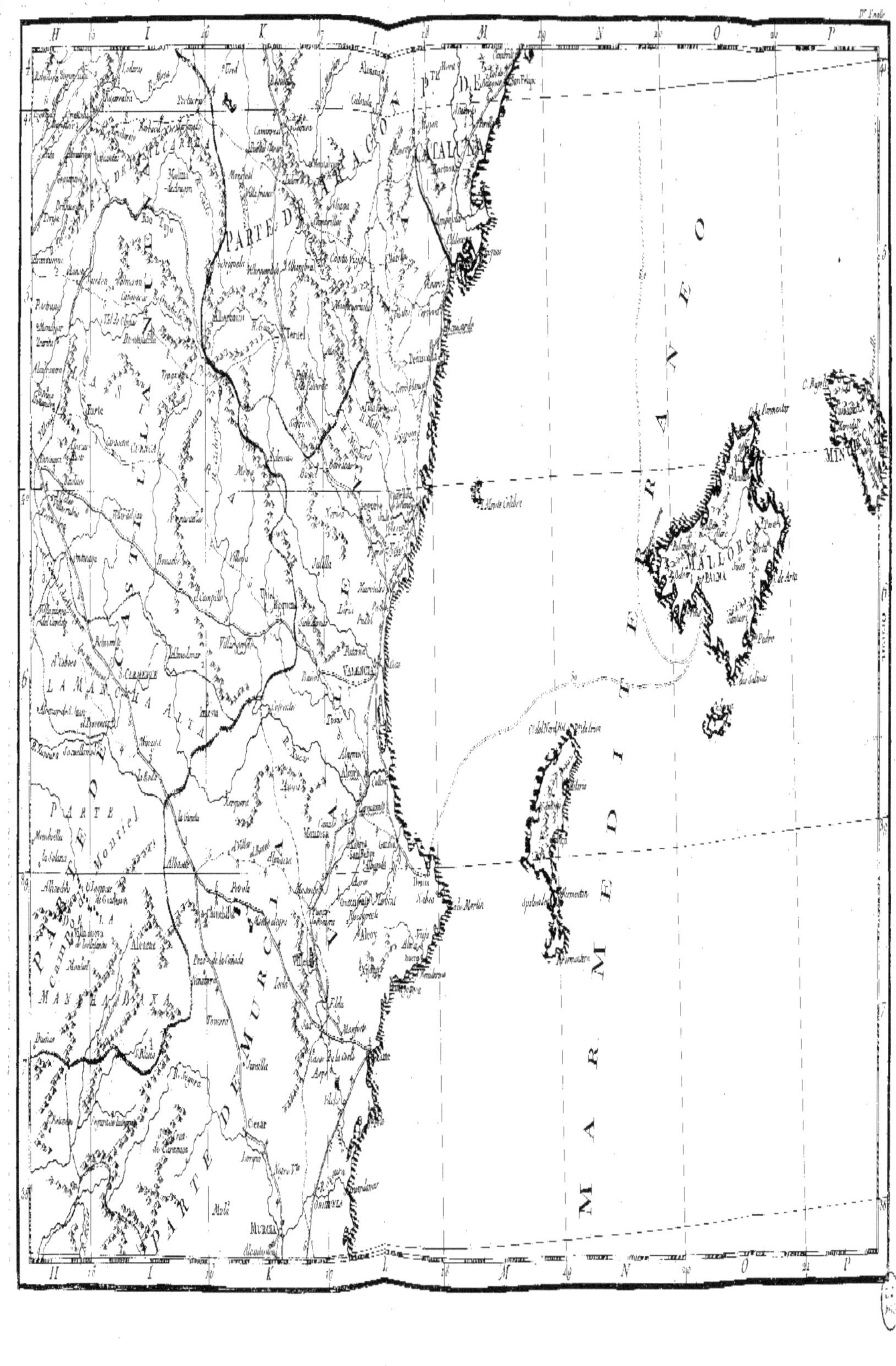

PARTE DE ARAGON
PTE. DE ARAGON
CATALUNA
PARTE DE VALENCIA
PARTE DE MURCIA
LA MANCHA ALTA
PARTE DE MONTIEL
MALLORCA
PALMA
MINORCA
MAR MEDITERRANEO
Teruel
VALENCIA
Albacete
MURCIA
ORIHUELA
Monte Coldret
C. Agut

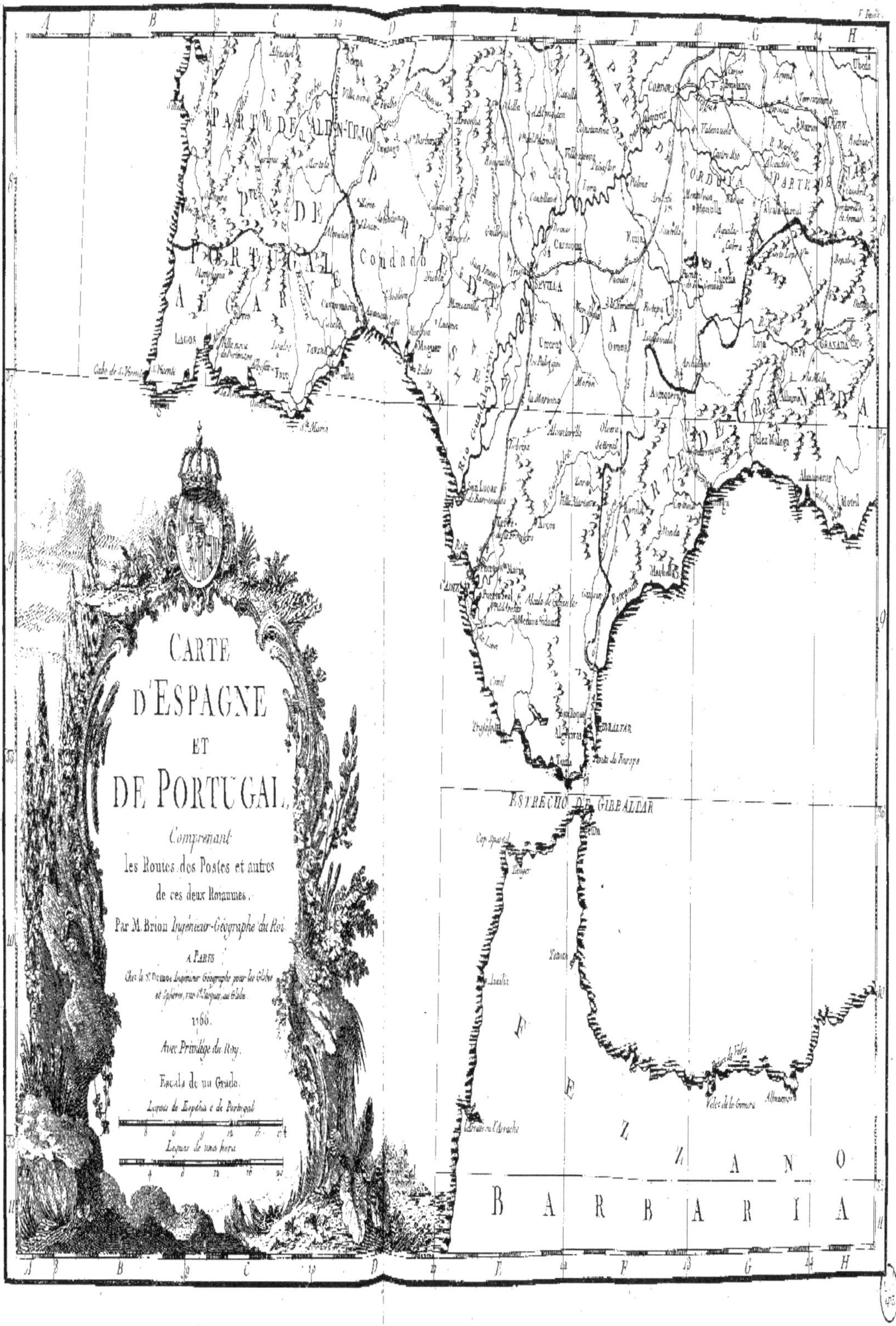
CARTE
D'ESPAGNE
ET
DE PORTUGAL,
Comprenant
les Routes des Postes et autres
de ces deux Royaumes.
Par M. Brion Ingénieur-Géographe du Roi
A PARIS
1766.
Avec Privilège du Roy.
Escala de un Grado.
Leguas de España e de Portugal
Leguas de una hora
ESTRECHO DE GIBRALTAR
BARBARIA
PART.E DE ALEN-TEJO
P.TE DE PORTUGAL
ALGARVE
Condado
ANDALUCIA
CORDUA
GRANADA
SEVILLA
Cabo de S. Vicente
LAGOS
Tavira
Faro
GIBRALTAR
Algeciras
Tarifa
Punta de Europa
Cadiz
Malaga
Motril
Tanger
Larache
Tetuan
Velez de la Gomera

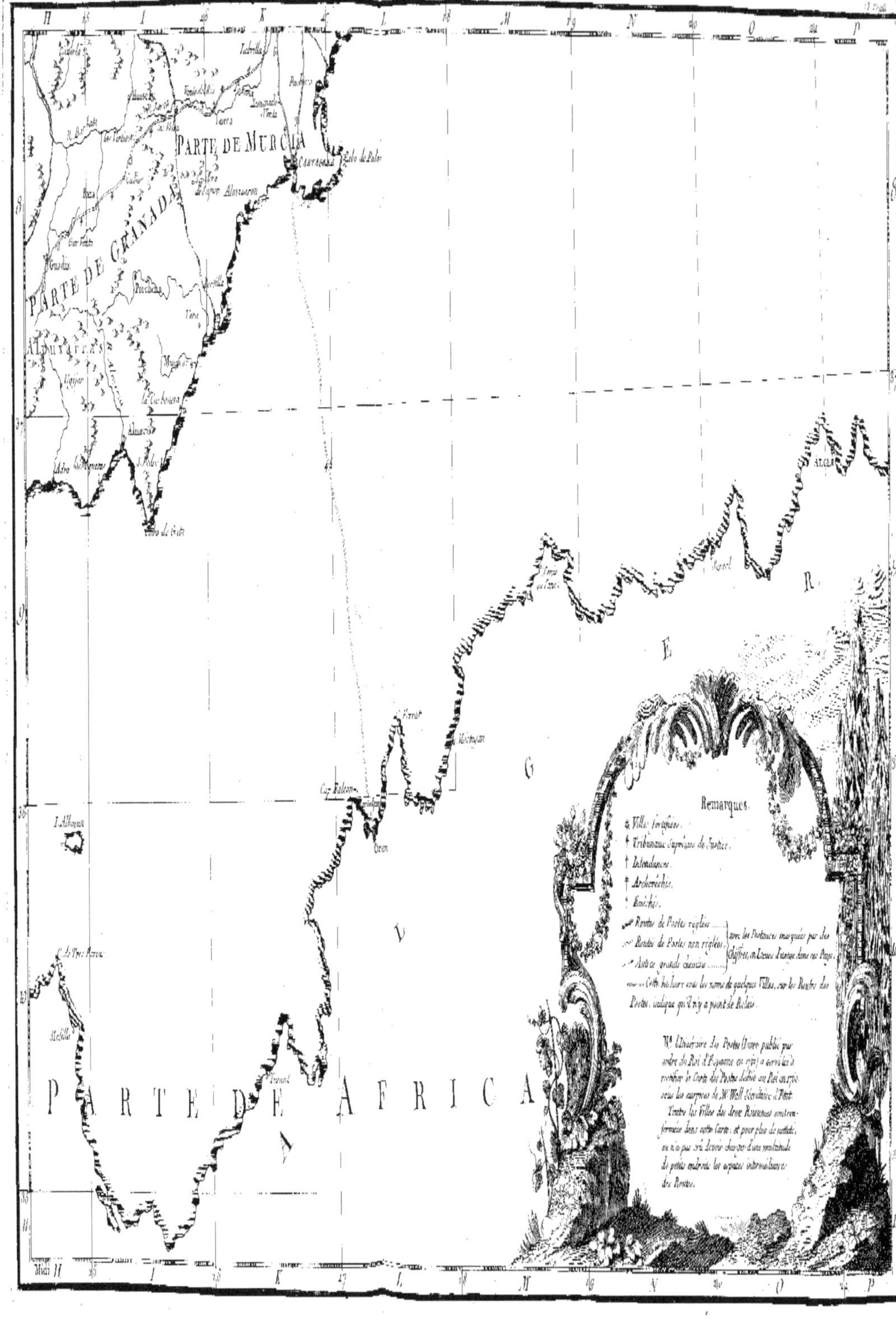

PARTE DE MURCIA
PARTE DE GRANADA
PARTE DE AFRICA
ALPUJARRAS
Cartagena
Guadix
Porchena
Remarques.
Villes fortifiées.
Tribunaux Suprèmes de Justice.
Intendances.
Archeveschés.
Eveschés.
Routes de Postes reglées
Routes de Postes non reglées
Autres grandes chemins
avec les Distances marquées par des Chiffres, en Lieues d'usage dans ces Pays.
Cette hachure sous les noms de quelques Villes, sur les Routes des Postes, indique qu'il n'y a point de Relais.
N.B. L'Itineraire des Postes d'Espagne publié par ordre du Roi d'Espagne en 1761, a servi ici à rectifier la Carte des Postes dediée au Roi en 1760, sous les auspices de Mr. Wall Secretaire d'Etat. Toutes les Villes des deux Royaumes sont renfermées dans cette Carte; et pour plus de netteté, on n'a pas cru devoir charger d'une multitude de petits endroits les Places intermédiaires des Routes.

L'ITALIE
Divisée
EN TOUS SES ÉTATS,
et assujettie
aux Observations Astronomiques,
Combinées
avec les itinéraires tant anciens
que modernes,
Par le Sr. Brion,
Ingénieur Géographe du Roi.
Paris, chez Desnos, Ingénieur Géographe
pour les Globes et Sphères,
rue St. Jacques, au Globe.
1766
Pl. 25
Nord
FRANCE
BOURGOGNE
SUISSE
ALLEMAGNE
PROVENCE
GOLFE DE LION
GÊNES
MER MÉDITERRANÉE
SICILE
AFRIQUE
CÔTES DE BARBARIE
ALGER
SUPPLÉMENT
Échelle

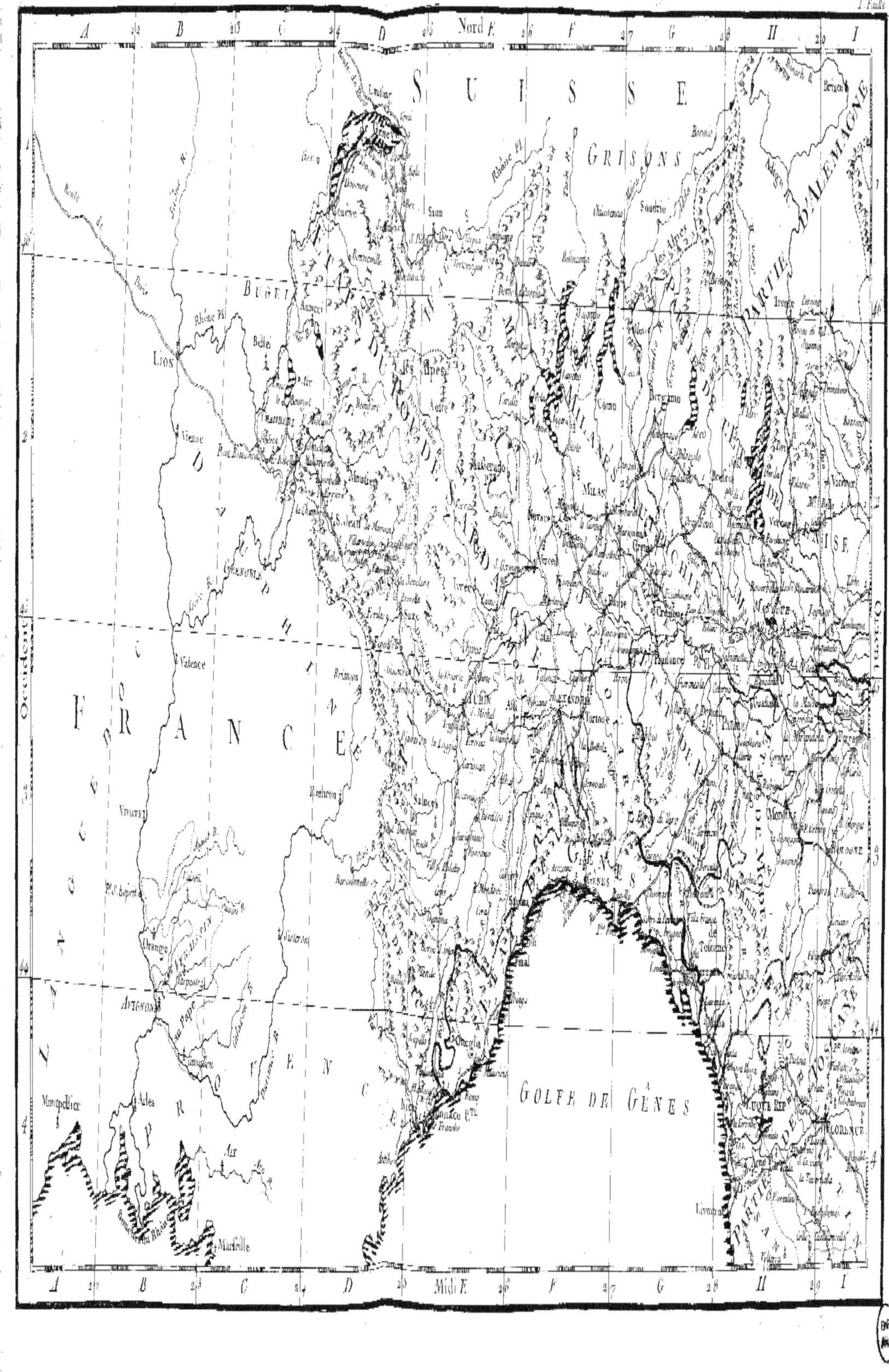

SUISSE
GRISONS
PARTIE D'ALLEMAGNE
FRANCE
BUGEY
DAUPHINÉ
PROVENCE
LANGUEDOC
MILANÈS
GOLFE DE GÈNES
GÈNES
Nord E.
Midi E.
Occident
Orient
LION
Vienne
Genève
Annecy
Belley
Chambéry
Grenoble
Valence
Briançon
Orange
Avignon
Carpentras
Montpellier
Arles
Aix
Marseille
Barcelonnette
Tende
Nice
TURIN
ALEXANDRIE
Tortone
MILAN
Côme
Bergame
Pavie
Verceil
Novare
Livourne

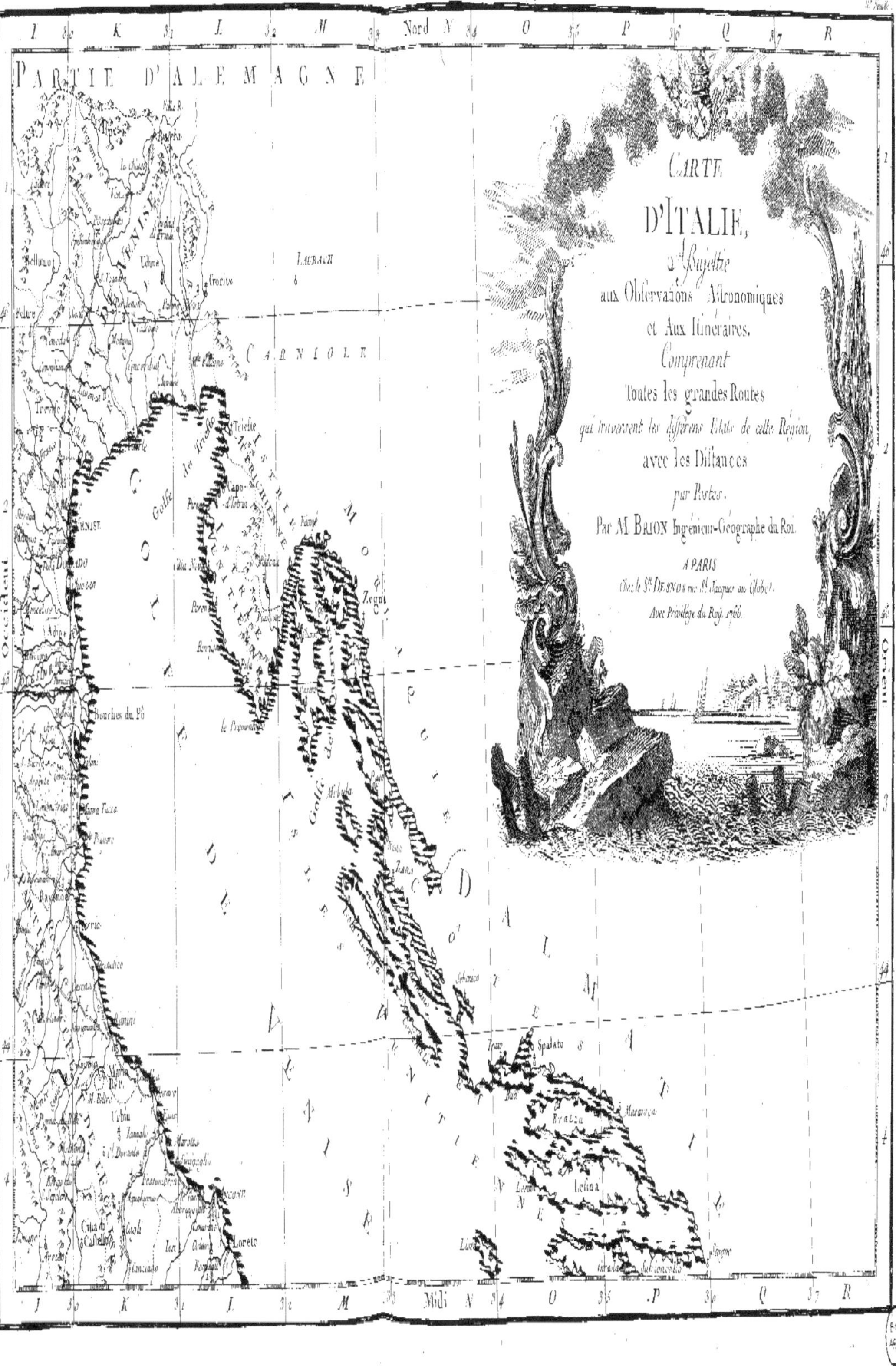

CARTE
D'ITALIE,
assujettie
aux Observations Astronomiques
et Aux Itineraires,
Comprenant
Toutes les grandes Routes
qui traversent les différens Etats de cette Region,
avec les Distances
par Postes.
Par M. BRION Ingénieur-Geographe du Roi.
A PARIS
Chez le St. DESNOS rue St. Jacques au Globe.
Avec Privilege du Roy. 1766.
PARTIE D'ALEMAGNE
Nord N
Midi
Occident
Orient
CARNIOLE
LAIBACH
Udine
Palma N.
Belluno
Pordenone
Triefte
Mestre
VENISE
Golfe de Trieste
ISTRIE
Trieste
Capo d'Istria
Villa Nova
Parenzo
Rovigno
Pola
le Quarnero
Zara
Golfe de la Morlaque
DALMATIE
Sebenico
Trau
Spalato
Almissa
Brazza
Macarsca
Lesina
Lifsa
Curzola
Bouches du Pô
Ravenne
Rimini
Pesaro
Fano
Ancone
Loreto
Macerata
Fermo
Ascoli
Civita di Castello
MER ADRIATIQUE

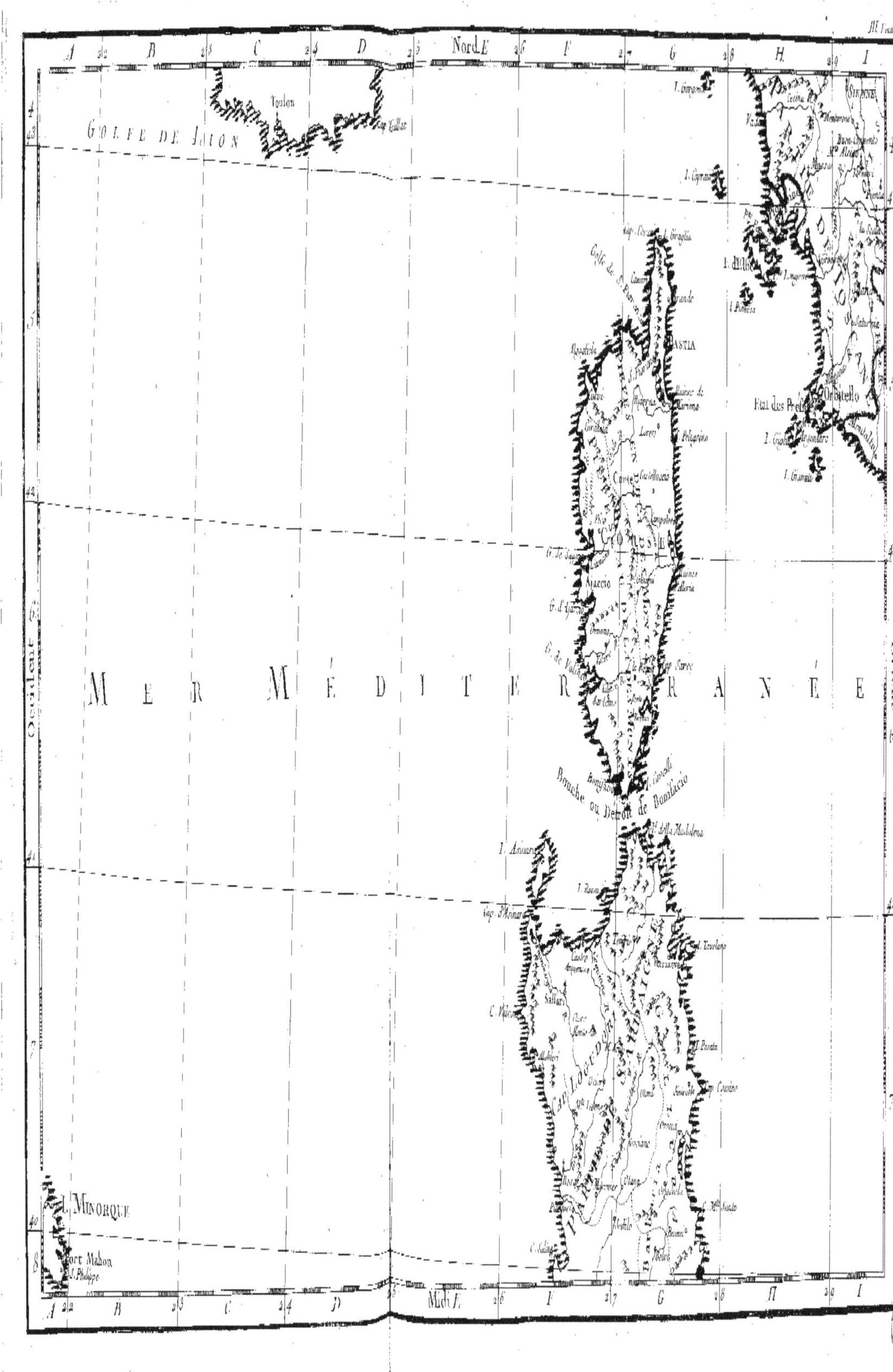

Toulon
GOLFE DE LION
C. Cicliat
Nord E
Occident
Orient
I. Gorgona
Vada
I. Capraia
I. dElbe
I. Pianosa
Golfe de S. Fiorenzo
Canari
Grande
Rogliano
BASTIA
Rostaglia
S. Fiorenzo
Murato de Tarano
Isola Rossa
Loreto
Pelagrino
CORTE
Castelnuovo
Orbetello
Etat des Presides
I. Giglio
Argentaro
I. Giannuto
G. de Saqona
Ajaccio
CORSICA
Aleria
G. d'Harco
Ornano
G. de Valinco
MER MÉDITERRANÉE
Bonifacio
Bouche ou Detroit de Bonifacio
I. della Madalena
I. Asinara
I. Rossa
Cap. S. Reinar
Terranova
I. Tavolara
C. Vaccani
Sassari
CAPO DI SASSARI
Oschiri
C. Monte
Muliers
I. MINORQUE
Port Mahon
S. Philippe
Midi E

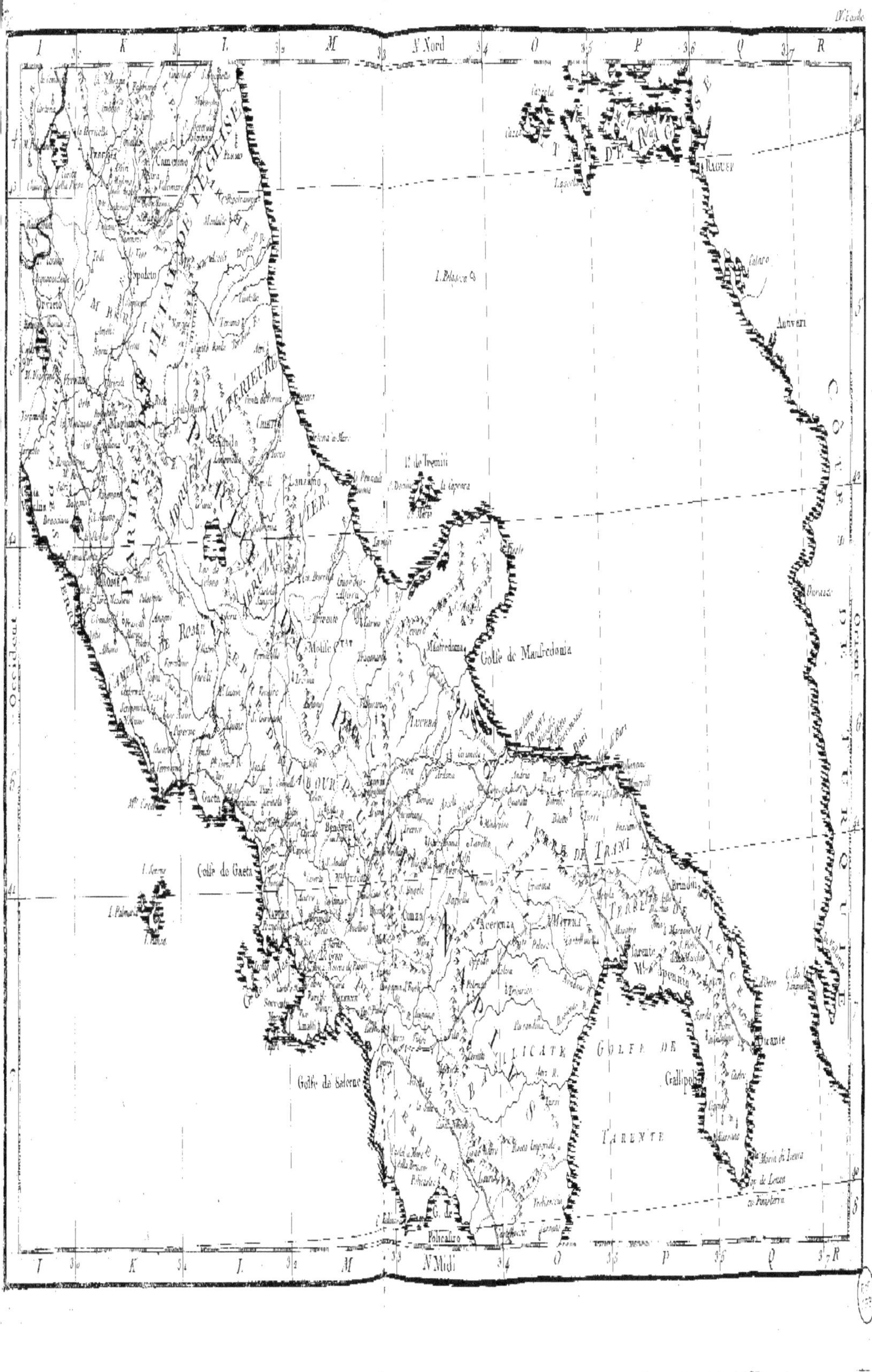
IV. Italie
N. Nord
Occident
Orient
N. Midi
CÔTE DE TURQUIE
RAGUSE
Antivari
Durazzo
ETAT DE L'EGLISE
Rome
Orvieto
Spoleto
ABRUZE ULTERIEURE
ABRUZE CITERIEURE
CHIETI
Lanzano
I. de Tremiti
Golfe de Manfredonia
Manfredonia
Lucera
TERRE DE BARI
Bari
Brindisi
Tarente
TERRE DE TRANI
TERRE DE LABOUR
Golfe de Gaëte
I. Ponza
I. Palmosa
Capoue
Bénévent
Naples
Golfe de Salerne
BASILICATE
Acerenza
Matera
GOLFE DE TARENTE
Gallipoli
Otrante
S. Maria di Leuca
Cp. de Leuca
T. de Ponteserra
CALABRE CITERIEURE
Policastro

3.e Feuille.

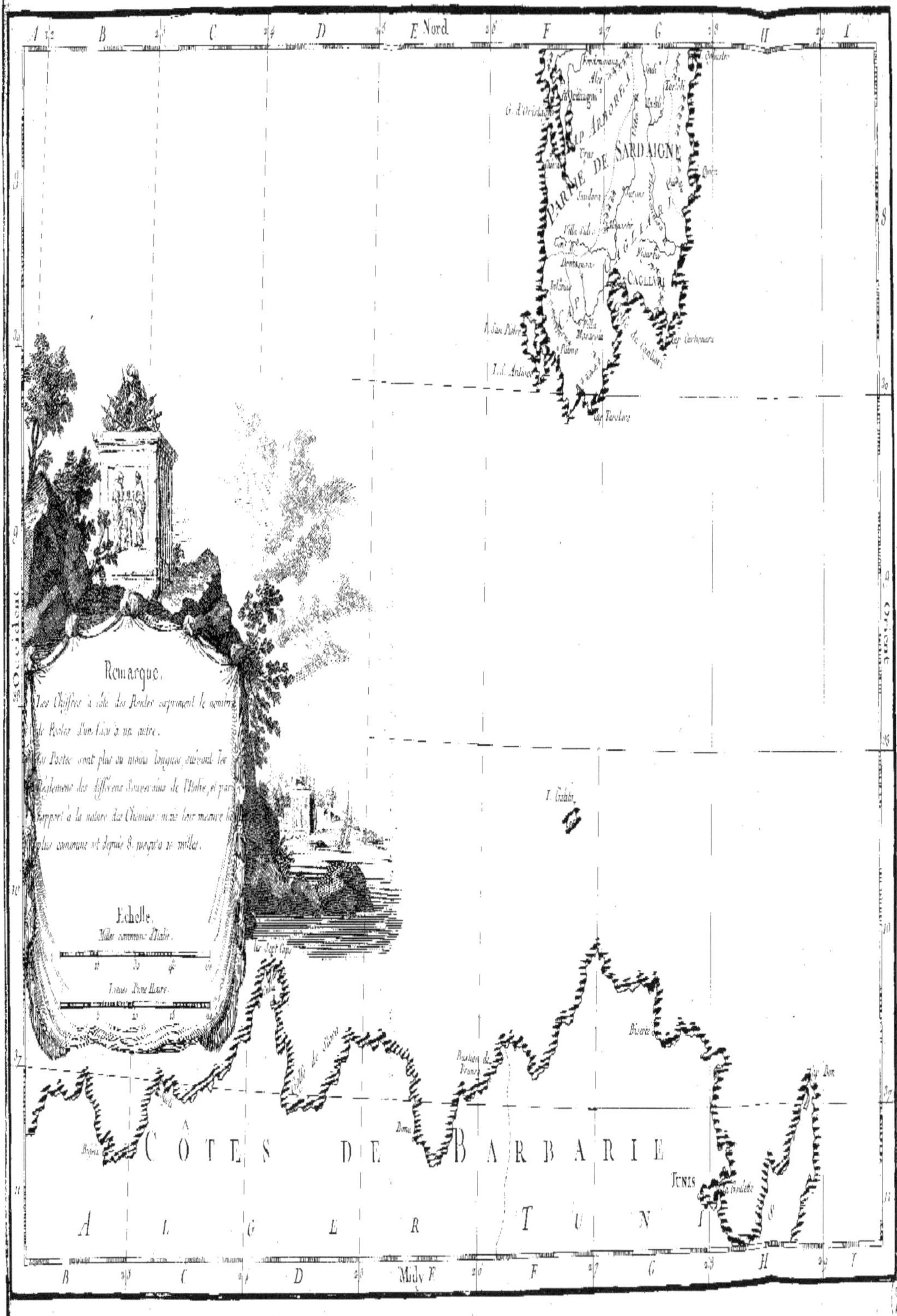
Nord
Occident
Orient
Midy
PARTIE DE SARDAIGNE
CAGLIARI
G. d'Oristagni
Oristagni
I. San Pietro
I. S. Antioco
Cap Carbonara
Cap Teulada
Golfe de Cagliari
I. Galita
Remarque.
Les Chiffres à côté des Routes expriment le nombre de Postes d'un Lieu à un autre.
Les Postes sont plus ou moins longues suivant les Réglemens des différens Souverains de l'Italie, et par rapport à la nature des Chemins: mais leur mesure la plus commune est depuis 8. jusqu'à 10 milles.
Echelle.
Milles communs d'Italie.
Lieues Pone Haure.
Les Sept Caps
Bastion de France
Bizerte
Cap Bon
TUNIS
La Goulette
Bona
CÔTES DE BARBARIE
A L G E R
T U N I S

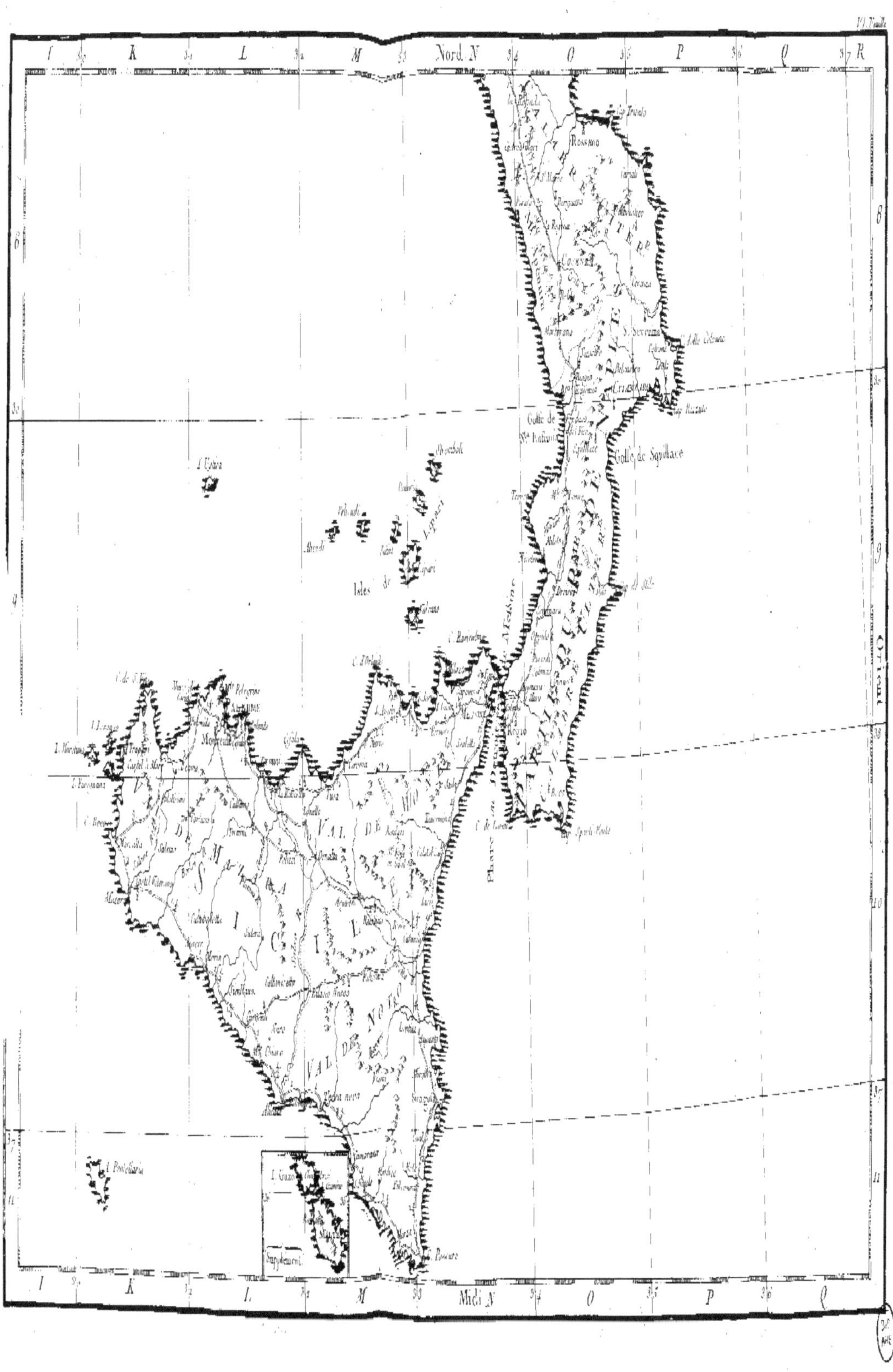

11.e Feuille
I K L M Nord N O P Q R
Golfe de Squillace
Grotte de Squillace
Rossano
S. Severina
Crotona
Cap. delle Colonne
I Ustica
Stromboli
Isles de Lipari
Vulcano
C. de S. Vito
Palerme
Trapani
I. Favignana
Castel a Mare
VAL DE MAZARA
VAL DE DEMONA
VAL DI NOTO
Messine
Reggio
Cap. Spart. Vento
Catanzaro
I. Gozo
I. Malte
Supplement
I. Ponzellaria
Midi N
I K L M O P Q

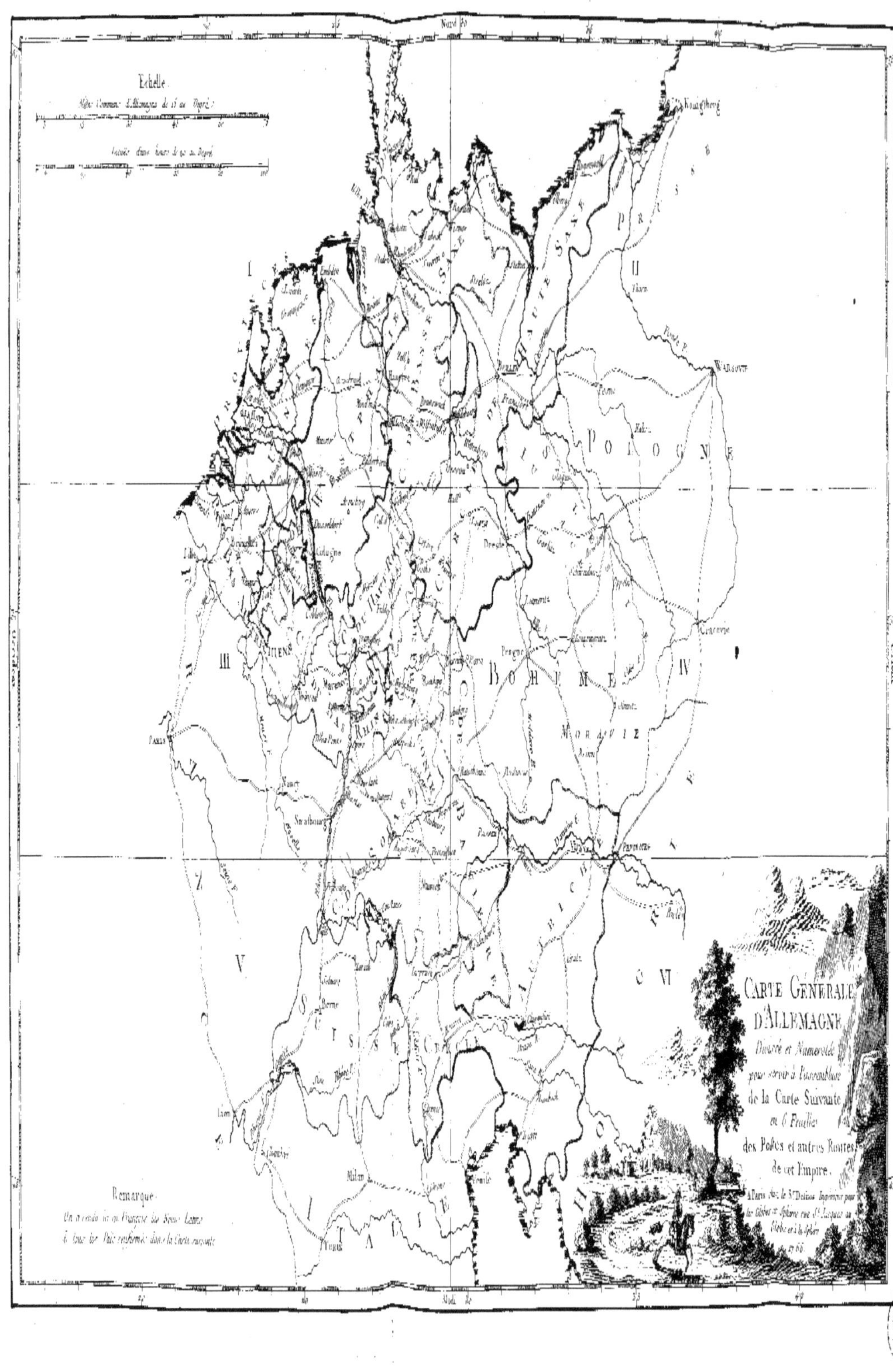

Echelle
Milles Communs d'Allemagne de 15 au Degré
Lieues d'une heure de 20 au Degré
Nord
Koningsberg
Warsovie
HAUTE SAXE
PRUSSE
POLOGNE
BERLIN
Francfort
Thorn
I
II
III
IV
V
VI
BOHEME
Prague
MORAVIE
Cracovie
Vienne
AUTRICHE
PARIS
Nancy
Strasbourg
Berne
Milan
Turin
ITALIE
SUISSE
Midi
CARTE GÉNÉRALE
D'ALLEMAGNE
Divisée et Numerotée
pour servir à l'assemblage
de la Carte Suivante
en 6 Feuilles
des Postes et autres Routes
de cet Empire.
A Paris chez le S.r Desnos Ingenieur pour
les Globes et Sphere rue S.t Jacques au
Globe et à la Sphere
1766
Remarque
On a certain ...ce en France les Sous Lieues
à toutes les Voies renfermées dans la Carte suivante

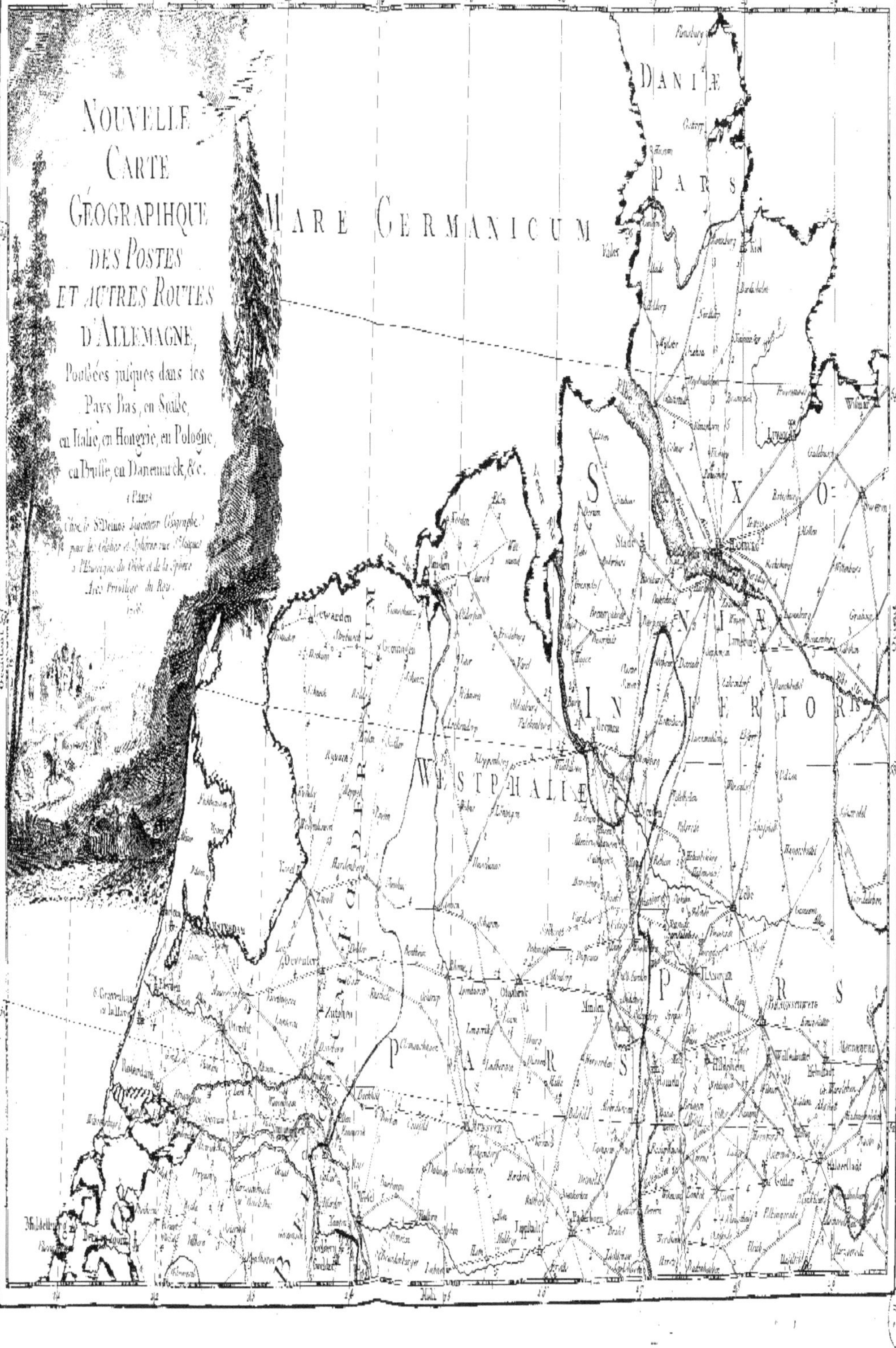

NOUVELLE CARTE GÉOGRAPIHQUE DES POSTES ET AUTRES ROUTES D'ALLEMAGNE,
Poussées jusques dans les Pays Bas, en Suisse, en Italie, en Hongrie, en Pologne, en Prusse, en Danemarck, &c.
à Paris
Chez le S.r Desnos Ingenieur Geographe
MARE GERMANICUM
DANIÆ PARS
SAXONIA INFERIOR
WESTPHALIÆ
Nord
Midi

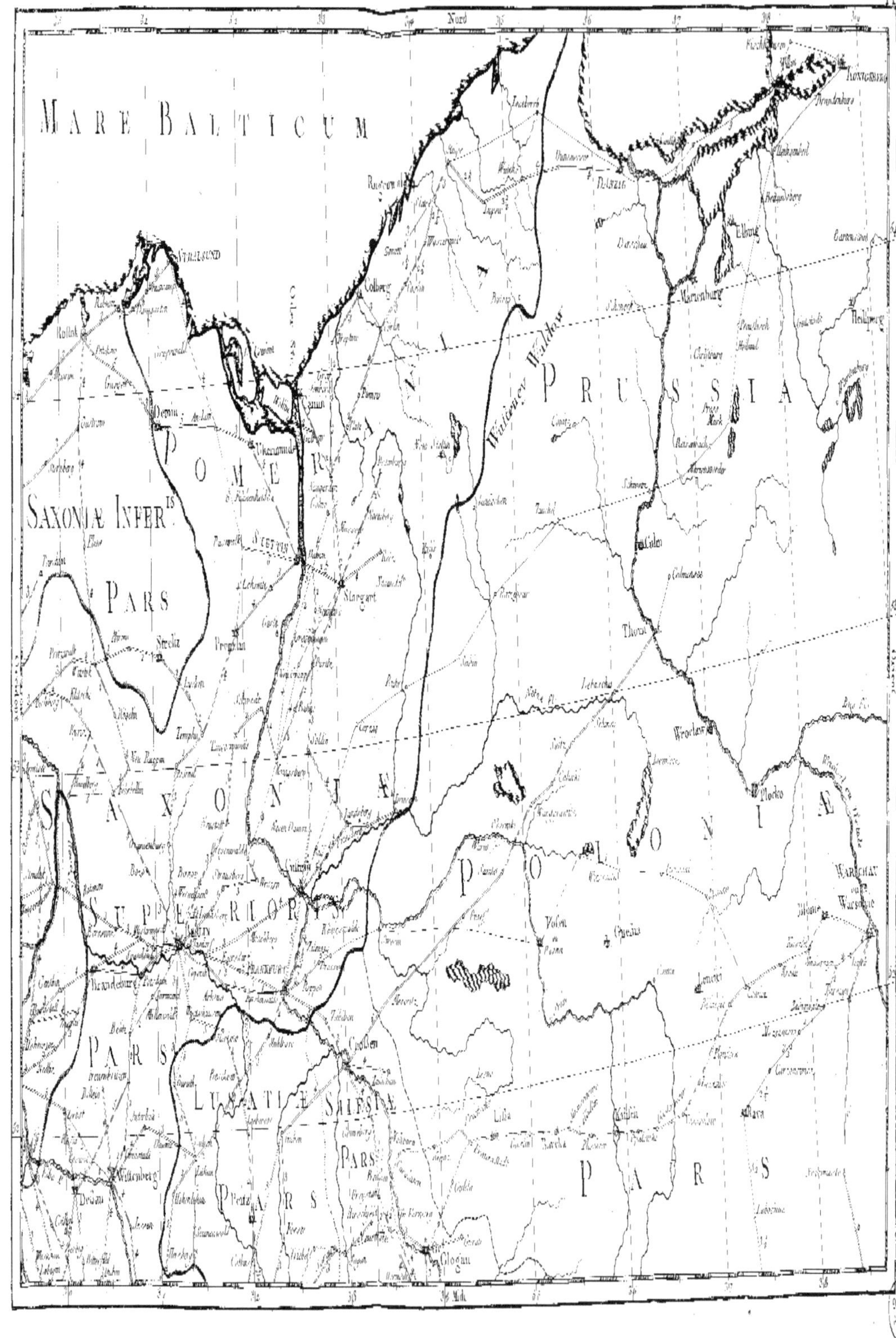

MARE BALTICUM
STRALSUND
Rollah
Demin
Anclam
DOMER
SAXONIÆ INFER.IS
PARS
Streliz
Neu Brandenb.
SAXONIA
SUPERIORIS
PARS
BERLIN
FRANKFURT
Brandenburg
Potsdam
Wittenberg
Dessau
LUSATIÆ
PARS
SUPERIORIS
Nord
SUETIN
Colberg
Coln
Stargart
Cüstrin
Crossen
Glogau
POMER
Königsberg
Brandenburg
Elbing
Marienburg
Danzig
Thorn
Wroclaw
Plocko
PRUSSIA
Walonia Waldor
POLONIA
WARSCHAU
oder
Warsaw
Volen
vd
Pozna
SILESIÆ
PARS
PARS

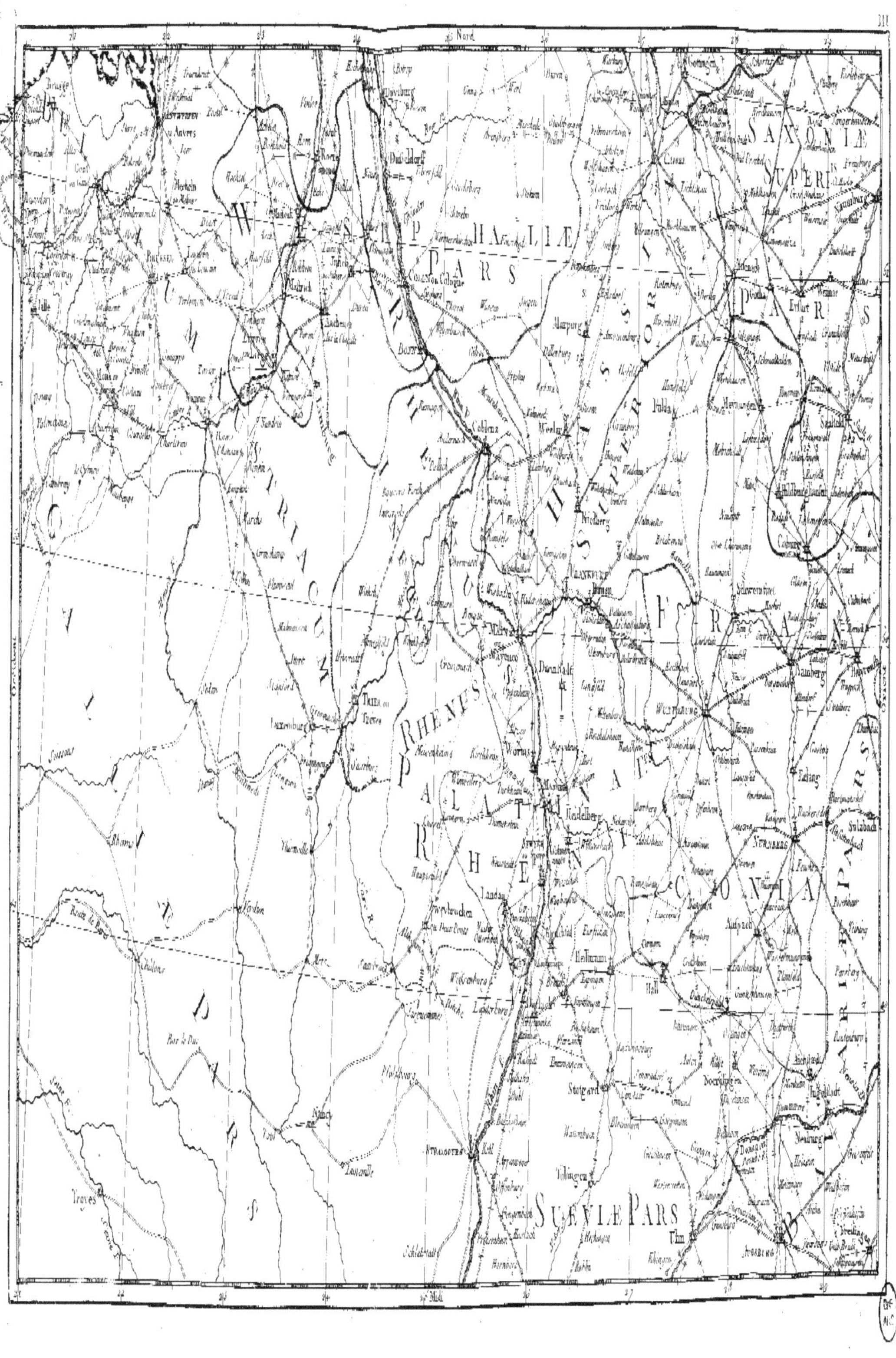

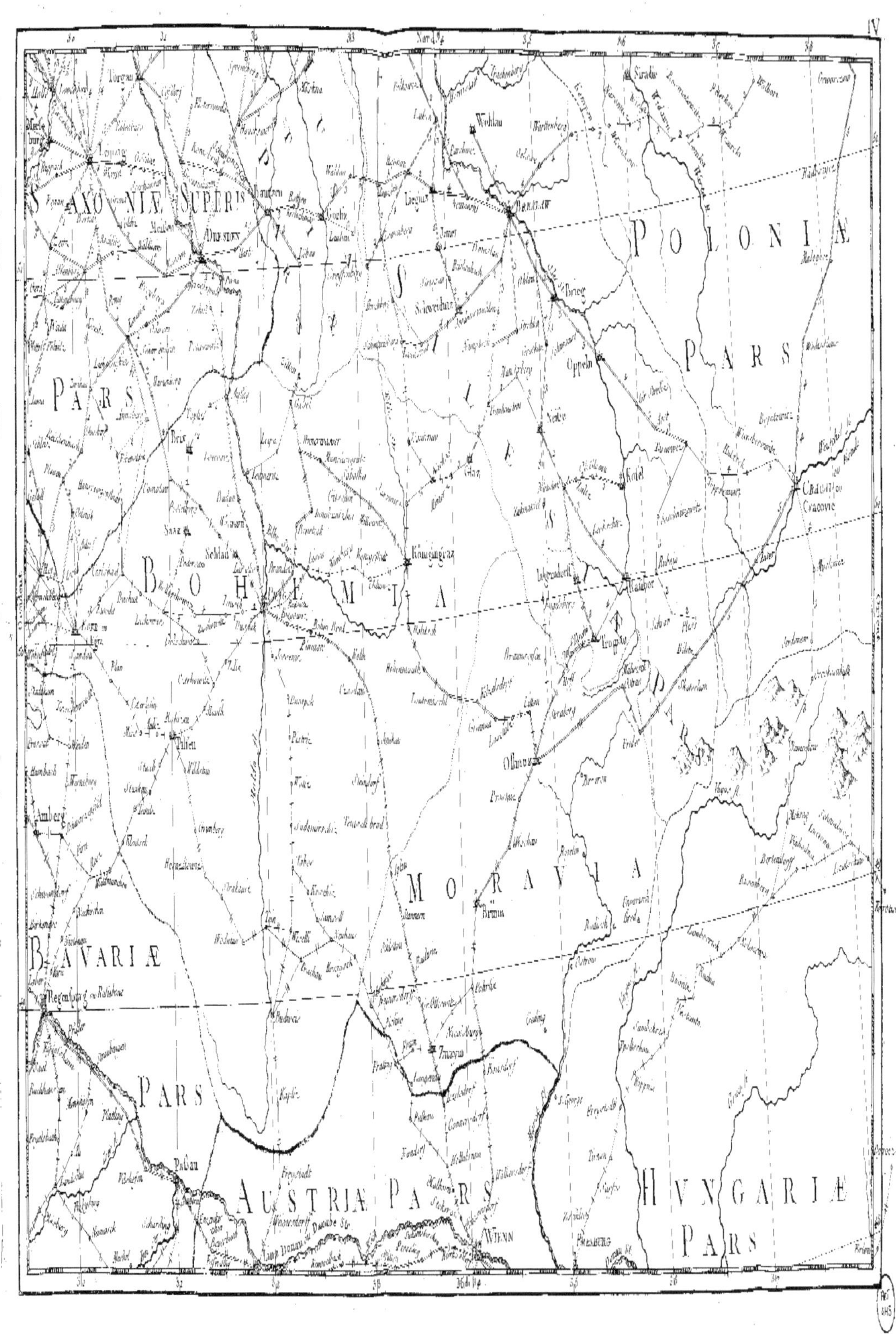
IV
SAXONIÆ SUPER
POLONIA
PARS
PARS
Dresden
Wohlau
BRESLAW
Brieg
Oppeln
Kosel
CRACOVIA
Cracovie
BOHEMIA
Koniggraz
Ratibor
Troppau
Olmutz
MORAVIA
Brünn
BAVARIÆ
PARS
Regenspurg vo Ratisbone
Passau
AUSTRIÆ PARS
HVNGARIÆ
PARS
WIENN
PRESBURG

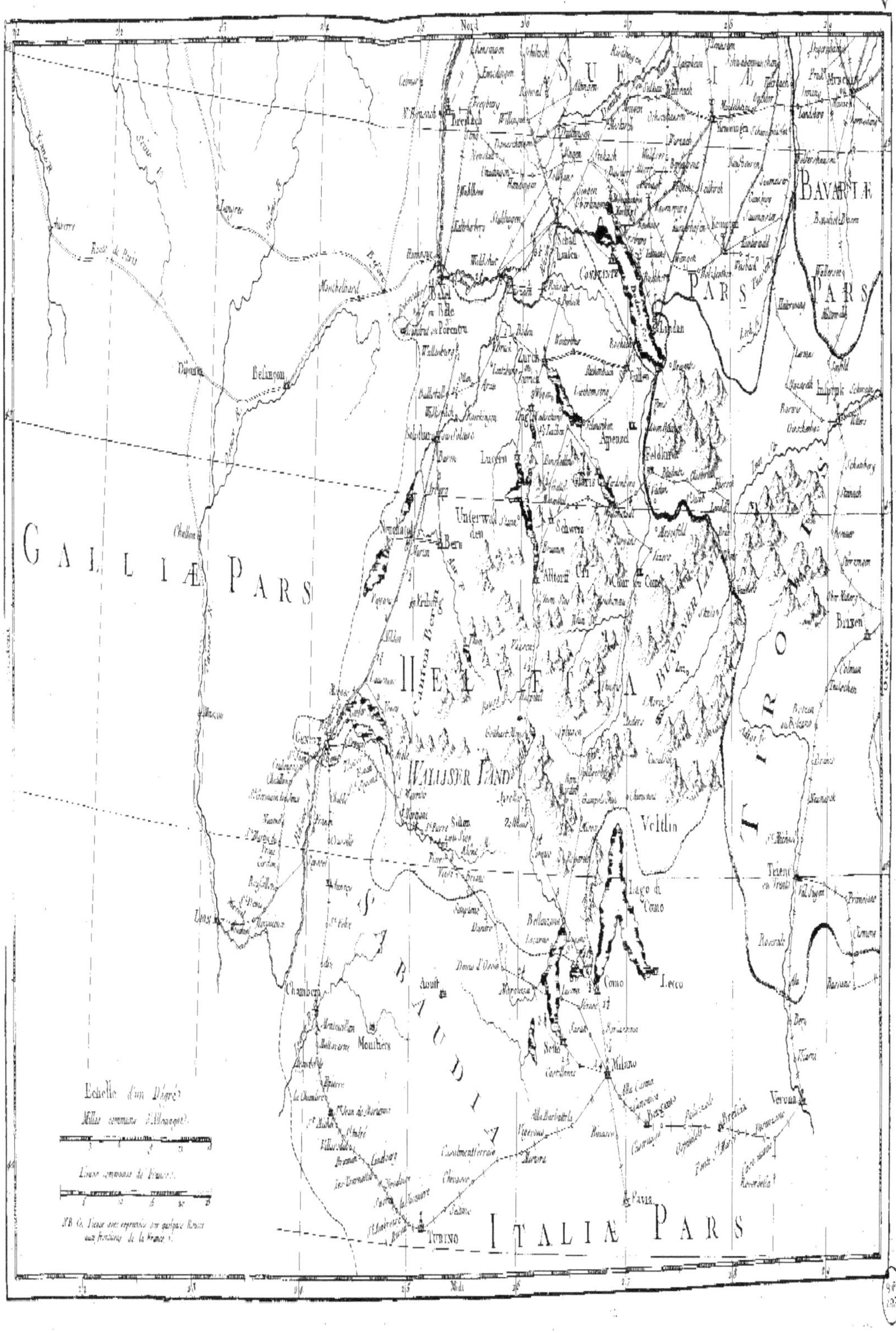
Nord
Midi
GALLIÆ PARS
HELVETIA
ITALIÆ PARS
BAVARIÆ PARS
TIROLIS
SABAUDIA
SUEVIA PARS
WALLISER LAND
BUNDNER LAND
Echelle d'un Degré
Milles communs d'Allemagne
Lieues communes de France
Bâle ou Basle
Porentru
Zurich
Bern
Lucern
Genève
Unterwalden
Schwytz
Altorff
Chur
Coire
Veltlin
Lago di Como
Como
Lecco
Bellenzona
Milano
Turino
Verona
Trient
Bixen
Brixen
Dijon
Besançon
Chambery
Mouthers
Appenzel
Feldkirch
Lindau
Glaris
Bavarie
Pavia

AUSTRIA
HUNGARIAE PARS
STIRIA
CARINTHIA
CARNIOLA
ISTRIA
BAVARIAE PARS
VENETIAE PARS
MARE ADRIATICUM
Nord
Occident
Orient
Midi
Salzburg
Oedenburg
Raab
Commorn
Grau
Opres ou Bude
Stulweissenburg
Clagenfurth
Laubach
Goritz
Trieste
Triesso
Graz
Bruk

AUSLEGUNG
derer Zeichen und Figuren.

Ansehnliche Städte darinnen Stationen
für Extra Posten befindlich.
Routen so für Extra Posten dienen
Routen auf welchen Postwägen oder
fahrende Posten vorhanden.
Routen so blos allein für ordinaire
fahrende Posten, nicht aber für extra
Posten dienen
Routen so blos allein für die Transpor-
tirung der Briefe dienen.
Ganze Post √ Halbe Post √ Viertel Post.
NB. In Deutschland sind die Posten
von vier, in Frankreich u. Niederland
aber nur von zwey Stunden Weges.
Routen, so zwar in Deutschland gelegen,
dennoch aber wegen Theurung des Futters
auf den Niederländischen Fuss gerechnet
werden.
Die Zif fern so auf einige Routen besonders
in Ober u. Nieder Sachsen, Brandenburg,
Hessen etc. verzeichnet zu sehen, bedeuten deut-
sche Meilen, weilen daselbst auf Meilen, und
nicht auf Posten Rechnung und Zahlung
geschiehet.
Reichsstädte. Universitäten.

EXPLICATION,
des Marques et Figures.

Villes où l'on trouve des Relais pour les
Couriers et les Voyageurs.
Routes qui servent pour les Couriers
et Voyageurs.
Routes où il y a des chariots de Postes
et Diligences.
Routes qui servent uniquement pour les
Chariots de Postes au défaut de Relais
pour les Couriers.
Routes qui servent uniquement au Transport
des Lettres.
Poste √ demi Poste √ quart de Poste.
NB. En Allemagne les Postes sont de 4
heures le Chemin, en France et aux Pais bas de
2 heures ou Lieues.
Routes sur lesquelles on compte les Postes
sur le pied des Pays-Bas, quoiqu'elles
soient situées sur le Territoire d'Empire,
à cause de la cherté des Fourages.
Les Chif fres marqués sur quelques Routes,
sur tout dans la Haute et Basse Saxe, le
Brandebourg, le Pais de Hesse etc. signifient
des Milles d'Allemagne, parceque dans ces
Pais on compte on paye par Milles, et point
par Postes.
Villes Impériales. Universités.

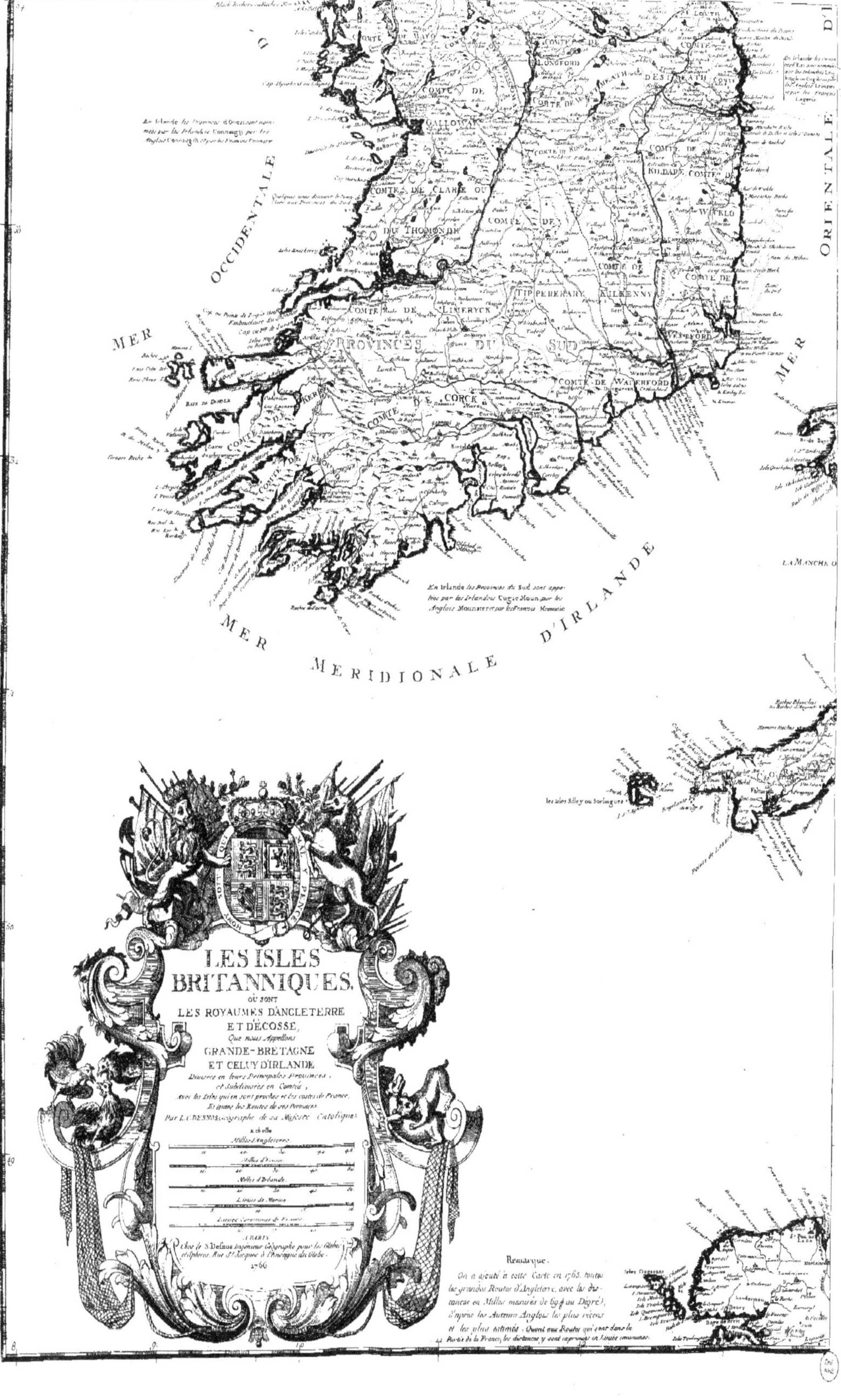

MER OCCIDENTALE D'IRLANDE
MER ORIENTALE D'IRLANDE
MER MERIDIONALE D'IRLANDE
LA MANCHE
PROVINCES DU SUD
COMTE DE MAYO
COMTE DE LONGFORD
COMTE DE WESTMEATH
COMTE DE GALLOWAY
COMTE DE CLARE OU DU THOMONDE
COMTE DE KING'S
COMTE DE KILDARE
COMTE DE WICKLO
COMTE DE LIMERYCK
TIPPERARY
KILKENNY
COMTE DE WATERFORD
COMTE DE CORCK
COMTE DE KERRY
les isles Silley ou Sorlingues
LES ISLES BRITANNIQUES,
OU SONT
LES ROYAUMES D'ANGLETERRE
ET D'ECOSSE,
Que nous Appellons
GRANDE-BRETAGNE
ET CELUY D'IRLANDE
Divisee en leurs Principales Provinces,
et Subdivisees en Comtés,
Avec les Isles qui en sont proches et les costes de France.
Et jusqu'aux Routes de ces Royaumes
Par L.C. DESNOS, Geographe de sa Majesté Catolique
Echelle
Milles d'Angleterre
Milles d'Ecosse
Milles d'Irlande
Lieues de Marine
Lieues Communes de France
A PARIS
Chez le S. Desnos Ingenieur Geographe pour les Globes
et Spheres, Rue St. Jacques à l'Enseigne du Globe.
1766
Remarque.
On a ajouté à cette Carte en 1765 toutes
les grandes Routes d'Angleterre, avec les dis-
tances en Milles mesurés de 69½ au Degré,
d'apres les Auteurs Anglois les plus récens
et les plus estimés. Quant aux Routes qui sont dans la
partie de la France, les distances y sont exprimées en lieues communes.

40

GOLFE DE CHESTER
ISLE D'ANGLESEY
COMTÉ DE LANCASTER
COMTÉ DE CHESTER
COMTÉ DE STAFFORD
COMTÉ DE SHROP
MONTGOMERY
HEREFORD
CARMARTHEN
BRECKNOCK
COMTÉ DE MONMOUTH
GLAMORGAN
PEMBROK
COMTÉ DE GLOCESTER
COMTÉ DE WARWICK
WORCESTER
ANGLETERRE
COMTÉ DE NOTTINGHAM
LINCOLN
COMTÉ DE
COMTÉ DE NORFOLK
COMTÉ DE SUFFOLK
HUNTINGTON
BEDFORD
BUCKINGHAM
HARTFORT
COMTÉ D'ESSEX
OXFORD
COMTÉ DE BERK
COMTÉ DE WILTS
COMTÉ DE SOMERSET
DORCHESTER
COMTÉ DE DEVON
Cté DE HAMPT OU DE SOUTHAMTON
PROVINCES DU SUD
COMTÉ DE SURREY
COMTÉ DE KENT
COMTÉ DE SUSSEX
ARUNDEL
ISLE DE WIGHT
Presqu Isle de Portland
LE CANAL DE St GEORGES ET DE BRISTOL
LA MANCHE OU LE CANAL
Pas de Calais
MER D'ALLE
ISLES ANGLOISES
NORMANDIE
Pais de Caux
ROUMOIS
ISLE DE FRANCE
Campagne
BRETAGNE
MAINE
PERCHE
CHARTRAIN
ORLEANOIS
FRANCE

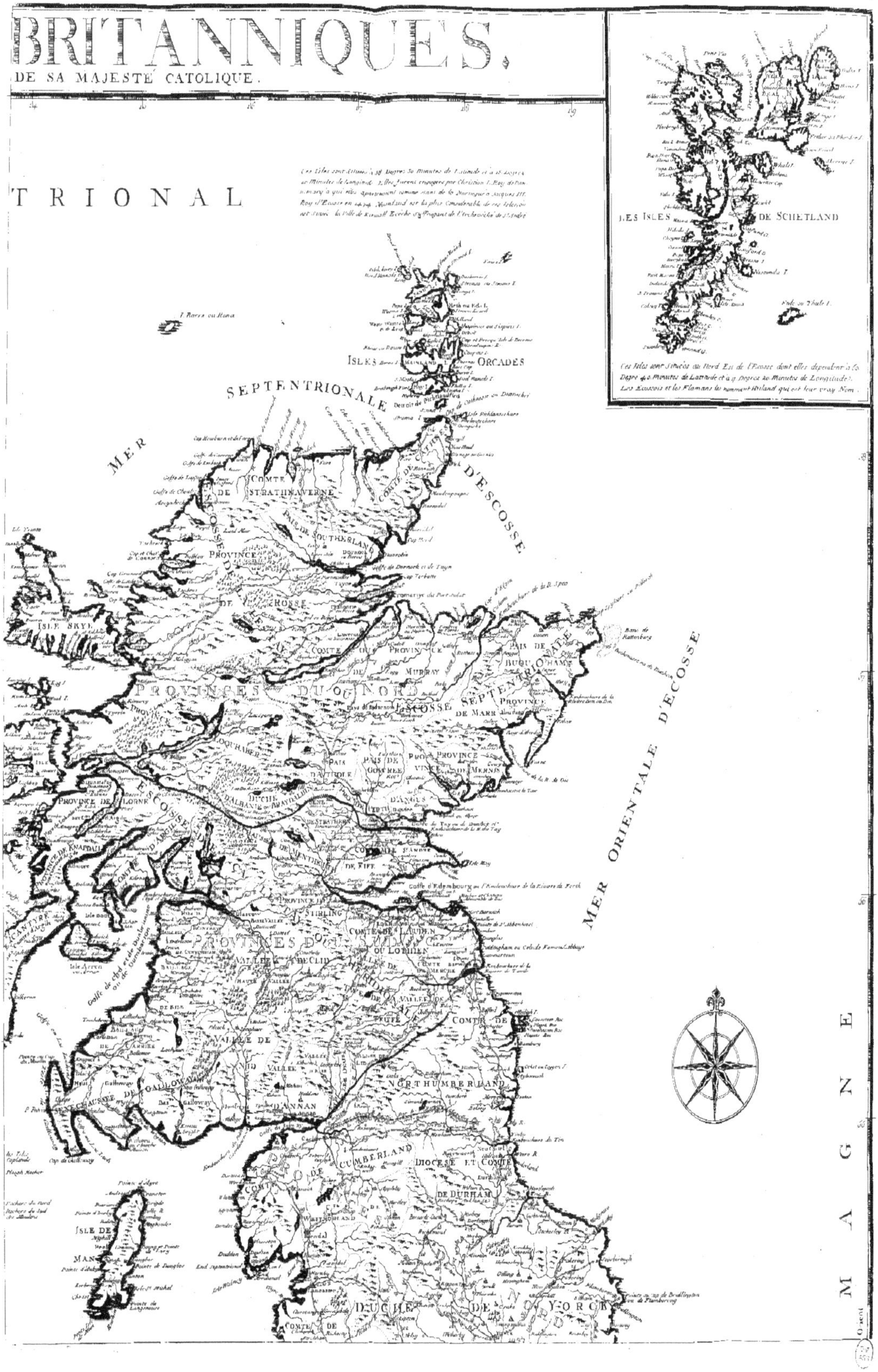

BRITANNIQUES.

DE SA MAJESTÉ CATOLIQUE.

Ces Isles sont situées à 38 Degrez 30 Minutes de Latitude et à 15 Degrez
20 Minutes de Longitude. Elles furent engagées par Christian I. Roy de Dan-
nemarq à qui elles appartenoient comme Isles de la Norwegue à Jacques III.
Roy d'Escosse en 1468. Mantland est la plus Considerable de ces Isles, où
est situé la Ville de Kirowall Evêché suffragant de l'Archevêché de St. André.

MER SEPTENTRIONAL

ISLES ORCADES

LES ISLES DE SCHETLAND

Ces Isles sont situées au Nord Est de l'Escosse dont elles dependent à 60
Degre 40 Minutes de Latitude et à 14 Degrez 20 Minutes de Longitude.
Les Escossois et les Flamans les nomment Hitland qui est leur vray Nom.

MER D'ESCOSSE

ISLE SKYE

COMTÉ DE STRATHNAVERNE

PAIS DE SOUTHERLAND

PROVINCE DE ROSSE

COMTÉ DU CAITNES

COMTÉ OU PROVINCE DE MURRAY

PAIS DE BUQUOHAME

PROVINCES DU OU NORD

ESCOSSE SEPTENTRIONALE

PROVINCE DE MARR

PROVINCE DE LORNE

PROVINCE DE STRABOGY

DUCHÉ D'ALBANIE OU AWAYRDALE

PAIS D'ATTIDLE

PAIS DE GOWRIE

PROVINCE DE MERNIS

PROVINCE D'ANGUS

ESCOSSE MERIDIONALE

PROVINCE DE KNAPDALE

COMTÉ DE MENTHEIT

DE FIFE

PROVINCE DE STIRLING

COMTÉ DE LAUDEN OU LOTHIEN

PROVINCES DU MIDI

VALLÉE DE CLID

COMTÉ DE S'ANDRE

MER ORIENTALE D'ESCOSSE

CANTYRE

ISLE ARRAN

CHAUSSÉE DE GALLOWAY

VALLÉE DE NID

VALLÉE D'ANNAN

GALLOWAY

COMTÉ DE CUMBERLAND

DIOCESE ET COMTÉ DE DURHAM

WESTMORLAND

NORTHUMBERLAND

ISLE DE MAN

DUCHÉ DE YORCK

MER MAGNE

9 782329 769028